107377

Kohlhammer

Fördern lernen – Intervention
Herausgegeben von
Stephan Ellinger

Band 9

Eva Stumpf

Förderung bei Hochbegabung

Verlag W. Kohlhammer

Alle Rechte vorbehalten
© 2012 W. Kohlhammer GmbH Stuttgart
Umschlag: Gestaltungskonzept Peter Horlacher
Umschlagmotiv: © Jose Manuel Gelpi – Fotolia.com
Gesamtherstellung:
W. Kohlhammer Druckerei GmbH + Co. KG, Stuttgart

ISBN 978-3-17-021562-7

Vorwort des Reihenherausgebers

Die Reihe *Fördern lernen* umfasst drei klare thematische Schwerpunkte. Es sollen erstens die wichtigsten *Förderkonzepte und Fördermaßnahmen* bei den am häufigsten vorkommenden Lern- und Verhaltensstörungen dargestellt werden. Zweitens gilt es, die wesentlichen Grundlagen pädagogischer Beratungsarbeit und die wichtigsten *Beratungskonzepte* zu diskutieren, und drittens sollen zentrale *Handlungsfelder pädagogischer Prävention* übersichtlich vermittelt werden. Dabei sind die Bücher dieser Reihe in erster Linie gut lesbar und unmittelbar in der Praxis einzusetzen.

Im *Schwerpunkt Intervention* informiert jeder einzelne Band (1–9) in seinem ersten Teil über den aktuellen Stand der Forschung und entfaltet theoriegeleitet Überlegungen zu Interventionen und Präventionen. Im zweiten Teil eines Bandes werden dann konkrete Maßnahmen und erprobte Förderprogramme vorgestellt und diskutiert. Grundlage für diese Empfehlungen sollen zum einen belastbare empirische Ergebnisse und zum anderen praktische Handlungsanweisungen für konkrete Bezüge (z. B. Unterricht, Freizeitbetreuung, Förderkurse) sein. Schwerpunkt des zweiten Teils sind also die Umsetzungsformen und Umsetzungsmöglichkeiten im jeweiligen pädagogischen Handlungsfeld.

Die Bände im *Schwerpunkt Beratung* (10–15) beinhalten im ersten Teil eine Darstellung des Beratungskonzeptes in klaren Begrifflichkeiten hinsichtlich der Grundannahmen und der zugrundeliegenden Vorstellungen vom Wesen eines Problems, den Fähigkeiten des Menschen usw. Im zweiten Teil werden die Methoden des Beratungsansatzes anhand eines oder mehrerer fiktiver Beratungsanlässe dargestellt und erläutert, so dass Lehrkräfte und außerschulisch arbeitende Pädagogen konkrete Umsetzungen vornehmen können.

Die Einzelbände im *Schwerpunkt Prävention* (16–21) wenden sich *allgemeinen Förderkonzepten und Präventionsmaßnahmen* zu und erläutern praktische Handlungshilfen, um Lernstörungen, Verhaltensstörungen und prekäre Lebenslagen vorbeugend zu verhindern.

Vorwort des Reihenherausgebers

Die Zielgruppe der Reihe *Fördern lernen* bilden in erster Linie Lehrkräfte und außerschulisch arbeitende Pädagogen, die sich entweder auf die Arbeit mit betroffenen Kindern vorbereiten oder aber schnell und umfassend gezielte Informationen zur effektiven Förderung oder Beratung von Betroffenen suchen. Die Buchreihe eignet sich auch für die pädagogische Ausbildung und als Zugang für Eltern, die sich nicht auf populärwissenschaftliches Halbwissen verlassen wollen.

Die Autorinnen und Autoren wünschen allen Leserinnen und Lesern ganz praktische *Aha*-Erlebnisse!

Stephan Ellinger

Einzelwerke in der Reihe *Fördern lernen*

Intervention
Band 1: Förderung bei sozialer Benachteiligung
Band 2: Förderung bei Lese-Rechtschreibschwäche
Band 3: Förderung bei Rechenschwäche
Band 4: Förderung bei Gewalt und Aggressivität
Band 5: Förderung bei Ängstlichkeit und Angststörungen
Band 6: Förderung bei ADS/ADHS
Band 7: Förderung bei Sucht und Abhängigkeiten
Band 8: Förderung bei kulturellen Differenzen
Band 9: Förderung bei Hochbegabung

Beratung
Band 10: Pädagogische Beratung
Band 11: Lösungsorientierte Beratung
Band 12: Kontradiktische Beratung
Band 13: Kooperative Beratung
Band 14: Systemische Beratung
Band 15: Personzentrierte Beratung

Prävention
Band 16: Berufliche Eingliederung
Band 17: Förderung der Motivation bei Lernstörungen
Band 18: Schulische Prävention im Bereich Lernen
Band 19: Schulische Prävention im Bereich Verhalten
Band 20: Resilienz
Band 21: Hilfen zur Erziehung

5	Intelligenz und Leistung	74
5.1	Erkenntnisse aus der Intelligenzforschung	75
5.2	Erkenntnisse aus der Expertiseforschung	78
5.3	Das Schwellenwertmodell zur Erklärung von Leistungsunterschieden	81
5.4	Underachiever und Hochleister	83

6	Begabtenförderung im Überblick	88
6.1	Vorbemerkungen zur Begabtenförderung	88
6.2	Akzelerationsmaßnahmen	91
6.3	Enrichmentmaßnahmen	93
6.4	Vorübergehend separierende Fördermodelle	97
6.5	Separierende Beschulung	99
6.6	Unterrichtsgestaltung und Individualisierung	102

7	Relevante Forschungsbefunde zu Begabtenfördermaßnahmen	106
7.1	Vorbemerkungen zu methodischen Anforderungen	106
7.2	Befunde zu Akzelerationsmaßnahmen	108
7.3	Befunde zu Enrichmentmaßnahmen	110
7.4	Befunde zu vorübergehend separierenden Maßnahmen	111
7.5	Befunde zu separierender Beschulung	113
7.6	Befunde zur Unterrichtsgestaltung	116

Inhalt

	Einleitung	11

1	**Definitionen und Modelle der Hochbegabung**	**17**
1.1	Begriffsklärungen	18
1.2	Modelle der Hochbegabung	19

2	**Diagnostik von Hochbegabung**	**28**
2.1	Einzelfalldiagnostik	29
2.2	Auswahlverfahren für Förderprogramme	30
2.3	Diagnostische Verfahren	34

3	**Entwicklung von Hochbegabung**	**43**
3.1	Entwicklung von Intelligenzunterschieden: Anlage- oder umweltbedingt?	44
3.2	Universelle Intelligenzentwicklung: Flynn-Effekt	47
3.3	Stabilität von Hochbegabung: Differenzielle Perspektive	48
3.4	Intelligenzförderung	52

4	**Entwicklungsbesonderheiten Hochbegabter**	**55**
4.1	Kognitive Entwicklung	56
4.2	Nichtkognitive Entwicklungsbesonderheiten	60
4.3	Etikettierung	66
4.4	Frühe Indikatoren einer Hochbegabung	69

| 8 | Schlussfolgerungen und Empfehlungen zur Begabtenförderung | 118 |

Literatur 126

Anhang
Statistische und methodische Begriffe 142
Weiterführende Verweise 151

Einleitung

Das Phänomen Hochbegabung faszinierte die Menschheit von jeher. Außerordentlich begabte Persönlichkeiten stehen weit über ihre Begabungsdomäne hinaus im Fokus der Aufmerksamkeit. Seit der Antike wurde vielfach ein Zusammenhang von Genialität und Wahnsinn postuliert, dessen Ausläufer sich bis heute in Form von relativ starren Vorurteilen über hochbegabte Personen auswirken. Von dieser Bipolarität scheint eine besondere Faszination auszugehen. In einer etwas abgeschwächten Variation werden den Genies nicht unbedingt psychiatrische Auffälligkeiten attestiert, die Fähigkeiten zur praktischen Alltagsgestaltung jedoch weitgehend abgesprochen. Nach Arthur Schopenhauer (1788–1860) galt: „Für das praktische Leben ist das Genie so brauchbar wie ein Sternteleskop im Theater."

Wenngleich solche Überzeugungen für einzelne Persönlichkeiten mit außergewöhnlicher Begabung bestätigt werden konnten, sind sie keineswegs aussagekräftig für die gesamte Gruppe der Hochbegabten. Heutzutage stehen hochbegabte Kinder und Jugendliche vorwiegend aufgrund ihrer hohen Leistungsfähigkeit im Fokus wissenschaftlichen Interesses und das Phänomen Hochbegabung wird überwiegend im Leistungskontext thematisiert. Während im US-amerikanischen Sprachraum ein hoher Deckungsgrad der Konstrukte „Begabung" und „Leistung" beobachtet werden kann, herrscht in deutschsprachigen Ländern stärker die Differenzierung der beiden Kompetenzbereiche vor. Insofern gilt es hierzulande auch umso mehr, die Zusammenhänge zwischen Begabungen und erbrachten Leistungen zu untersuchen sowie Einflussfaktoren genauer zu bestimmen, die diese Zusammenhänge modifizieren.

Bis in die 1980er Jahre hinein war es in Deutschland nahezu verpönt, sich mit dem „elitär" anmutenden Thema Hochbegabung zu befassen, da vielfach der Rückfall in eine gesellschaftliche Kastenbildung befürchtet wurde (genauer siehe Stumpf, 2011). Nur ganz langsam konnte die Auseinandersetzung mit dieser Thematik gedeihen, indem erste Förderprojekte und Studien angestoßen wurden. Womöglich haben die Ergebnisse der PISA-Studien indirekt auch das Feld der Hochbegabtenförderung in Deutschland günstig beeinflusst, indem das Erzielen hoher Leistung umso stärker diskutiert wurde. Seit diesem Jahrtausend hat sich das Feld der Hochbegabtenförderung und -forschung in Deutschland rapide entwickelt; in erster Linie wurden konkrete schulische und außerschulische Begabtenfördermaßnahmen etabliert. Diese sind aktuell in weiten Teilen fest institutionalisiert, wenngleich nach wie vor eine Unterversorgung in ländlichen Regionen Deutschlands zu beklagen ist. Parallel dazu wurden vielerorts Beratungsstellen eröffnet, die sich – neben der allgemeinen Schul- und Erziehungsberatung – auf die Beratung bei (vermuteter) Hochbegabung spezialisiert haben. Hier werden relevante Informationen sowie das verfügbare Wissen zum Thema Hochbegabung gebündelt und den ratsuchenden Familien und Lehrkräften zur Verfügung gestellt. Darüber hinaus zählen die diagnostische Abklärung einer Hochbegabung sowie die Unterstützung in der Suche nach Fördermöglichkeiten zu den Haupttätigkeitsfeldern dieser Einrichtungen.

Neben diesem steigenden praktischen Angebot wurde seit den 1990er Jahren auch die wissenschaftliche Auseinandersetzung mit dem Thema Hochbegabung intensiviert. Realisiert wird dies zum einen durch Grundlagenstudien, die beispielsweise potenziell charakteristische Persönlichkeitsmerkmale Hochbegabter erforschen, und zum anderen durch angewandte Forschung, in der die Auswirkungen der

Begabtenförderung untersucht werden. Das Generieren wissenschaftlich gesicherter Erkenntnisse stellt einen langwierigen Prozess dar, der für das Feld der Begabtenförderung auch heute noch längst nicht als ausreichend erfüllt anzusehen ist; gleichwohl sind erste Orientierungsmarken gelegt.

Gemeinsames Fundament für die praktische wie wissenschaftliche Auseinandersetzung mit dem Thema Hochbegabung sollten konkrete Theorien bzw. Hochbegabungsmodelle darstellen. Solche wurden tatsächlich auch vielfach postuliert und publiziert. Doch ist allgemein festzustellen, dass die theoretischen Überlegungen zum Hochbegabungskonstrukt, die praktischen Fördermaßnahmen und die wissenschaftlichen Untersuchungen noch viel zu selten stringent miteinander verwoben werden. In vielen Arbeiten beschränkt sich dies auf die bloße Darstellung von Hochbegabungsmodellen und Fördermaßnahmen, wobei das Herstellen direkter sachlogischer Bezüge zwischen diesen Kategorien hingegen meist ausbleibt.

Bis heute wurde also im Feld der Hochbegabungsforschung und -förderung auch hierzulande Vieles erreicht – nichtsdestotrotz lohnt sich für bestimmte Fragen die Orientierung an international gewonnenen Erfahrungen. In den nachfolgenden Kapiteln wird der Ertrag dieser praktischen und wissenschaftlichen Arbeiten differenziert dargestellt und diskutiert. In Ergänzung zu den bereits vorliegenden Büchern und Ratgebern zum Thema Hochbegabung steht in dieser Publikation das Ziel im Vordergrund, den Status quo kritisch zu reflektieren und Schwachstellen aufzuzeigen. Dies geschieht unter Anerkennung des bisher Erreichten in der festen Überzeugung, dass weitere Fortschritte in der Begabtenförderung nur erzielt werden, wenn wir von der rein quantitativen Ausweitung zu einer stärker qualitativen Analyse übergehen, die sich stark an theoretischen Überlegungen orientiert. Die Forderung nach einer besseren Verankerung von Praxis und Wissenschaft in theoretischen Modellen, aber auch nach der engeren Verzahnung von Praxis und Wissenschaft, kann als Leitmotiv dieses Bandes angesehen werden. Diese Vorstellung wird in Abbildung 1 veranschaulicht, deren einzelne Elemente die Grundstruktur dieser Publikation darstellen.

Die Frage, wie hochbegabte Kinder und Jugendliche gefördert werden *können*, wurde bereits in zahlreichen früheren Beiträgen ausführlich behandelt. Durch das Studium der vorliegenden Lektüre sollen in-

Einleitung

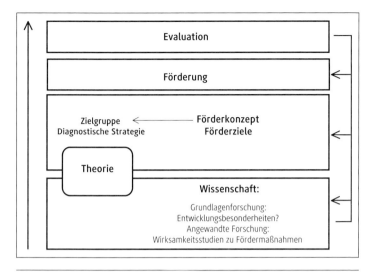

Abb. 1: Entwicklung von Fördermaßnahmen

teressierte Leserinnen und Leser darüber hinaus in die Lage versetzt werden, die vielfältigen Fördermaßnahmen differenzierter beurteilen und im Zuge der Weiterentwicklung der Begabtenförderung besser abwägen zu können. In diesem Sinne kann dieser Band als theoriegeleiteter und wissenschaftlich fundierter Leitfaden zur Orientierung in der Praxis gelten. Doch stellt die vorliegende Publikation keine Handreichung im engeren Sinn dar, sondern strebt stärker die Erweiterung der autonomen Beurteilungskompetenzen der Leserinnen und Leser an. Konkrete Empfehlungen (z. B. zur Gestaltung von Fördermaßnahmen) wurden von anderen Autorinnen und Autoren bereits vielfach ausgeführt; für eine optimale Verbindung beider Quellen enthält der Anhang des vorliegenden Bandes eine Aufstellung kommentierter Verweise und Links, die die effiziente Recherche erleichtern sollen. Darüber hinaus werden in diesem Band einige Aspekte aufgegriffen, die bislang trotz ihrer Bedeutung für die Begabtenförderung nur wenig Beachtung in Wissenschaft und Praxis gefunden haben. Dies betrifft v. a. die Rolle des Unterrichts in der Beschulung hochbegabter Kinder und Jugendlicher. Indem in nachfolgender Darstellung einerseits das Potenzial der Unterrichtsgestaltung, andererseits der Mangel an konkreten Konzepten herausgestellt werden, soll eine weiterführende Auseinandersetzung mit dieser Thematik initiiert werden.

Das vorliegende Buch gliedert sich in zwei Hauptteile. Im ersten Teil werden die Grundlagen zum Thema Hochbegabung erörtert und diskutiert. Im zweiten Teil werden Begabtenförderprogramme vorgestellt und hinsichtlich ihrer theoretischen und empirischen Fundierung beleuchtet.

In Kapitel 1 werden anhand der Klärung relevanter Begriffe sowie der Darstellung prägnanter Hochbegabungsmodelle die theoretischen Grundlagen für die weiteren Ausführungen gelegt. Anschließend werden diagnostische Möglichkeiten für die Einzelfallarbeit und für die Auswahl für Begabtenförderprogramme sowie geeignete diagnostische Verfahren vorgestellt (Kapitel 2). Welche Faktoren für die Entwicklung einer Hochbegabung verantwortlich gemacht werden können, wird in Kapitel 3 erörtert. Im Anschluss daran wird der Frage nachgegangen, inwiefern hochbegabte Kinder und Jugendliche überhaupt charakteristische Merkmale aufweisen, indem die Unterschiede zwischen Hoch- und durchschnittlich Begabten hinsichtlich der kognitiven und nichtkognitiven Persönlichkeitsentwicklung (Kapitel 4) sowie der Leistungsentwicklung (Kapitel 5) aufgezeigt werden. Jeweils am Ende der oben skizzierten Buchkapitel werden die wichtigsten Schlussfolgerungen resümiert und die Bezüge zwischen Theorie, Wissenschaft und Praxis herausgestellt.

Die Erläuterungen der theoretischen und empirischen Grundlagen der Begabtenförderung erfordert auch im vorliegenden Werk die Verwendung einiger methodischer, statistischer und psychologischer Fachtermini. Dabei wurde stets versucht, die Formulierungen auch für Leserinnen und Leser ohne spezifische Vorkenntnisse verständlich zu machen. Wesentliche statistische und methodische Fachbegriffe bzw. Sachverhalte werden darüber hinaus im Anhang ausführlich erläutert und ggf. anhand von Beispielen veranschaulicht.

Im zweiten Teil dieses Buches steht die Begabtenförderung im Mittelpunkt. Nach einem Überblick zu den Begabtenfördermaßnahmen (Kapitel 6) werden in Kapitel 7 vorliegende Befunde zur Wirksamkeit dieser Fördermaßnahmen referiert. Im abschließenden Kapitel 8 werden in einer Zusammenschau der theoretischen Überlegungen und relevanten wissenschaftlichen Erkenntnissen aus Grundlagen- wie angewandter Forschung Schlussfolgerungen für die Optimierung der Begabtenförderung in Deutschland gezogen.

1

Definitionen und Modelle der Hochbegabung

Um diese und andere Publikationen zum Thema Hochbegabung besser nachvollziehen, miteinander in Einklang, aber auch voneinander abgrenzen zu können, stellt die Klärung der verwendeten Begriffe (Abschnitt 1.1) eine Grundlage dar. In Abschnitt 1.2 wird die Spannweite der Hochbegabungsmodelle durch die Darstellung dreier sehr unterschiedlicher, gleichwohl sehr bekannter Modellvorstellungen kurz aufgezeigt. Die drei hier behandelten Hochbegabungsmodelle können als befruchtende Beiträge der renommiertesten Experten zur Hochbegabungsthematik angesehen werden. Anschließend wird das Hochbegabungskonstrukt auf Basis quantitativer Kriterien weiter konkretisiert.

Definitionen und Modelle der Hochbegabung

1.1 Begriffsklärungen

Hochbegabung an sich ist nicht direkt beobachtbar, sondern das Phänomen kann nur als Konstrukt beschrieben werden. Dies zieht die Existenz unterschiedlicher Definitionen und Modellvorstellungen von Hochbegabung nach sich. Die Thematik wird durch die uneinheitliche Verwendung der Begrifflichkeiten, teilweise auch aus dem angloamerikanischen Sprachraum, weiter kompliziert. So wird der im englischen gebräuchliche Begriff „giftedness" mit „Begabung", „Begabtheit" oder „Hochbegabung" ins Deutsche übertragen (vgl. Häcker & Stapf, 1998; Oerter, 2008). Während der Talent-Begriff im Deutschen eher als „Begabung/Fähigkeit" im Sinne einer biologisch determinierten statischen Komponente verstanden wird (Wermke, Kunkel-Razum & Schulze-Stubenrecht, 2006, S. 994), bezeichnete der US-amerikanische Psychologe Robert Gagné (1916–2002) mit „Talent" die überlegene Beherrschung systematisch entwickelter Fähigkeiten bzw. das überdurchschnittlich hohe Wissen in einer Domäne (Gagné, 2003).

In der deutschsprachigen psychologischen Fachliteratur werden die Begriffe *Begabung* und *Intelligenz* entweder synonym verwendet (Heller, 2000; Rost, 2000) oder der Begabungsbegriff wird weiter gefasst und schließt dann neben der intellektuellen Begabung weitere Begabungsfacetten (z. B. Musikalität) mit ein. Beide Begriffe können darüber hinaus als eindimensionale oder als mehrdimensionale Konzepte aufgefasst werden: Der eindimensionale Intelligenzbegriff entspricht dem Generalfaktorenmodell nach Spearman, wonach alle kognitiven Leistungen im Wesentlichen auf einen Intelligenzfaktor zurück zu führen sind; spezifische Intelligenzfaktoren spielen nach Spearman eine untergeordnete Rolle und erlauben die Bewältigung der konkreten Anforderungen, die eine Aufgabe stellt. Mehrdimensionale Intelligenzmodelle gehen demgegenüber von der Existenz bereichsspezifischer intellektueller Fähigkeiten (z. B. sprachliches Denken, anschauliches Denken) aus, die weitgehend voneinander unabhängig sind (z. B. das Mehrfaktorenmodell von Thurstone).

Begabung kann darüber hinaus statisch („entweder man hat es, oder nicht") oder als dynamisches Konstrukt, das sich in Interaktion mit der Umwelt entwickelt, aufgefasst werden. Die Konsequenzen dieser unterschiedlichen Auffassungen sollen später noch ausführlicher diskutiert werden. Zuvor wenden wir uns der Frage zu, was unter *Hoch*begabung zu verstehen ist. Aus den unterschiedlichen Definitionen kann die „weit überdurchschnittliche Ausprägung der Begabung, die zu Spitzenleistungen befähigt", als kleinster gemeinsamer Nenner herausgefiltert werden (Sparfeldt, 2006). Die großen und für die pädagogische Praxis überaus bedeutsamen Unterschiede in den Hochbegabungsmodellen sollen nachfolgend anhand dreier ausgewählter Modellvorstellungen kurz verdeutlicht werden. Zur Vertiefung dieser theoretischen Betrachtung sei an dieser Stelle auf die Publikationen von Holling und Kanning (1999) sowie Weidtmann (2007) verwiesen.

1.2 Modelle der Hochbegabung

Der durch die Marburger Hochbegabtenstudie bekannt gewordene Forscher Detlef Rost definiert Hochbegabung als überdurchschnittliche Intelligenz und vertritt damit eine eindimensionale Sichtweise. Dafür sprechen seiner Ansicht nach methodische und diagnostische Argumente (vgl. Rost, 1993). Wie in der psychologischen Diagnostik allgemein üblich, werden dieser diagnostischen Kategorie Personen zugeordnet, deren intellektuelle Fähigkeiten mindestens zwei Standardabweichungen über dem Durchschnitt der Gesamtpopulation liegen. Da die meisten Intelligenztests auf einen Mittelwert von M = 100 und eine Standardabweichung von SD = 15 normiert sind, gelten nach dieser Definition diejenigen Personen als hochbegabt, die einen IQ von mindestens 130 erzielen (Erläuterungen zu IQ, Mittelwert und Standardabweichung sind im Anhang enthalten). Bleibt nur noch zu klären, welches Intelligenzkonstrukt zugrunde liegt. Rost plädiert vehement für die Orientierung am Generalfaktor der Intelligenz („g-factor"), was er als „goldenen Standard" bezeichnet (Rost, 2009, S. 74). Er untermauert diese eindimensionale Betrachtungsweise der Intelligenz fundiert durch die Analysen der vorliegenden wissenschaftlichen Befunde (zur Vertiefung s. Rost, 2009).

Im Drei-Ringe-Modell der Begabung von Joseph Renzulli, das wohl als das populärste Modell gelten kann, wird das Zusammenwirken dreier

Faktoren angenommen. Demnach ist die Hochbegabung im Schnittpunkt der drei Komponenten Begabung, Kreativität und Aufgabenengagement (Interesse, Leistungsstreben, Ausdauer) angesiedelt, die *jeweils* überdurchschnittlich hoch ausgeprägt sein müssen (vgl. Abbildung 2). Die überdurchschnittliche Begabung impliziert nach Renzulli ein hohes Niveau allgemeiner kognitiver Fähigkeiten (abstraktes Denken, Schlussfolgern, Gedächtnis, Informationsverarbeitungsgeschwindigkeit usw.) und gleichzeitig die hohe Ausprägung spezieller Fähigkeiten. Renzullis Modell wurde im deutschsprachigen Raum vielfach dafür kritisiert, dass es durch die Forderung der überdurchschnittlichen Ausprägung aller drei Einzelkomponenten das Konstrukt Hochbegabung mit überdurchschnittlicher Leistung gleichsetzt (vgl. Holling & Kanning, 1999; Weidtmann, 2007). Denn Personen, die überdurchschnittlich begabt, motiviert und kreativ sind, erzielen in der Regel auch die erwartungskonformen hohen Leistungen. Allerdings geht aus den Publikationen Renzullis (1993) auch hervor, dass die Modellfaktoren Aufgabenengagement und Kreativität eher als Entwicklungsziele eines Förderprogramms zu verstehen sind, wohingegen die Hochbegabung an sich durch die überdurchschnittliche Intelligenzausprägung definiert wird. Renzulli vertritt also eine dynamische Auffassung der Hochbegabung und hat

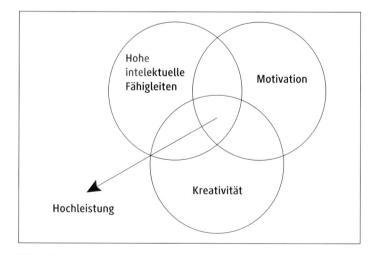

Abb. 2: Das Drei-Ringe-Modell von Renzulli

eigene Förderprogramme entwickelt, mit denen die drei Modellkomponenten optimal zusammen geführt werden sollen. Diese Förderprogramme sind in den USA gut etabliert und werden auszugsweise in Kapitel 6 kurze Erwähnungen finden.

Im sogenannten Münchner Hochbegabungsmodell, das von dem Begabungsforscher Kurt Heller und seiner Arbeitsgruppe entwickelt wurde, wird zwischen den Begabungsfaktoren und den Leistungsbereichen differenziert, die sich jeweils in unterschiedlichen fachlichen Domänen manifestieren können (z. B. intellektuelle Fähigkeit, Musikalität). Darüber hinaus werden im Modell die moderierenden Wirkungen von Umweltvariablen (z. B. Familienklima) und nichtkognitiven Persönlichkeitsmerkmalen des Kindes (z. B. Lernstrategien) in der Umsetzung von Begabung in Leistung berücksichtigt (siehe Abbildung 3). Es verdeutlicht damit sehr differenziert die multifaktorielle Beziehung zwischen Begabung und Leistung und erkennt ein mehrdimensionales Begabungskonstrukt an, nach dem eine Hochbegabung auch im nichtintellektuellen Bereich ausgeprägt sein kann.

Obwohl nur drei der existierenden Hochbegabungsmodelle herausgegriffen wurden, wird eine Vielzahl von Unterschieden deutlich, die durchaus von praktischer Relevanz sind. Die Definition der Hochbegabung nach Rost wird zwar für ihre Eindimensionalität kritisiert, ist aber genau dadurch besonders präzise und hält klare Anhaltspunkte für die Diagnostik bereit (Hochbegabung, wenn IQ ≥ 130). Rost orientiert sich am Generalfaktor der Intelligenz, was die Ermittlung eines einzelnen IQ-Wertes erlaubt. Aussagen zur Förderung beinhaltet seine Hochbegabungsdefinition hingegen nicht. Darüber hinaus bleibt sie auf die intellektuelle Hochbegabung begrenzt, andere Begabungsdomänen werden nicht berücksichtigt.

Versteht man Renzullis Modell als Hochbegabungskonstrukt, das in der Schnittmenge der drei Einzelfaktoren (Begabung, Aufgabenverpflichtung, Kreativität) angesiedelt ist, bringt dies tatsächlich etliche ungelöste Probleme für die praktische Arbeit mit sich. Denn in der Hochbegabungsdiagnostik müssten folgerichtig auch alle drei Bereiche aussagekräftig erfasst werden (diese Möglichkeiten werden in Kapitel 2 noch genauer diskutiert). Doch wie genau die Ausprägungen der drei Komponenten miteinander verknüpft sein müssen, um zu einer Hochbegabungsdiagnose zu kommen, wird im Drei-Ringe-Modell nicht ge-

Definitionen und Modelle der Hochbegabung

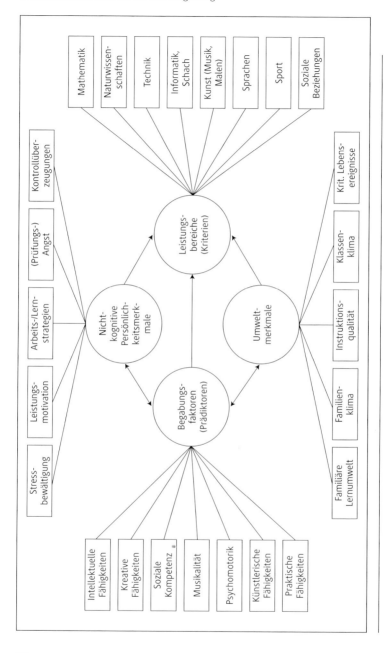

Abb. 3: Das Münchner Hochbegabungsmodell (aus Heller, Reimann & Rindermann, 2002, S. 54)

klärt. Muss ein Kind wirklich in allen drei Bereichen überdurchschnittlich gute Werte erzielen, um von einer Hochbegabung sprechen zu können? Ab wann ist hier von überdurchschnittlich zu sprechen, gilt dasselbe Kriterium (Mittelwert + 2 Standardabweichungen)? Das würde bedeuten, dass nur solche Kinder als hochbegabt gelten, die sowohl hinsichtlich ihrer Intelligenz als auch hinsichtlich der Kreativität und der Aufgabenmotivation jeweils zu den besten 2 % ihrer Altersgruppe zählen – ein weder praktikables noch erfolgversprechendes Unterfangen. Alternativ könnte man auch von einer kompensatorischen Beziehung der drei Ringe ausgehen, so dass ein etwas niedrigerer Wert in einem Faktor (z. B. Kreativität) durch sehr hohe Werte in einem anderen Faktor (z. B. Intelligenz) kompensiert werden könnte – all das ist wenig spezifiziert. Darüber hinaus würde ein kompensatorisches Verständnis der drei Modellfaktoren zu einer sehr heterogenen Gruppe von Hochbegabten führen. Werden die Faktoren Aufgabenmotivation und Kreativität des Drei-Ringe-Modells hingegen als Förderziele verstanden, wird damit das Hochbegabungskonstrukt wiederum auf die überdurchschnittliche Intelligenzausprägung verdichtet, diagnostisch besser greifbar und die resultierende Population der Hochbegabten homogener. Soll allerdings der dynamische Charakter der Hochbegabung im Drei-Ringe-Modell aufrecht erhalten bleiben, fehlen wiederum klare Beschreibungen dieser dynamischen Prozesse.

Das Münchner Hochbegabungsmodell fokussiert genau genommen stärker auf die Erklärung der Entstehung von Leistung und berücksichtigt tatsächlich zentrale leistungsrelevante Faktoren. Damit wird die Komplexität der Begabungs-Leistungs-Beziehung sehr anschaulich verdeutlicht. Andererseits bleibt das Konstrukt Hochbegabung noch unscharf, was auch in Hellers Definition der Hochbegabung als „mehrdimensionales Fähigkeitskonstrukt in einem Netz von nichtkognitiven (z. B. motivationalen) und sozialen Moderatorenvariablen sowie kriterialen Leistungsbezugsvariablen" (Heller, 2000, S. 24) deutlich wird. Summa summarum: Hochbegabung wäre demnach nicht gut greifbar, aufgrund der Komplexität nicht eindeutig beschreibbar. Damit bliebe die Hochbegabung jedoch auch in der Praxis nicht wirklich diagnostizierbar (zur Identifikation von Hochbegabten nach Heller s. Abschnitt 2.2).

Exkurs: Quantitatives Kriterium für Hochbegabung und Abweichungsquotient

Wie zuvor bereits erläutert, fixiert Rost die intellektuelle Hochbegabung als Intelligenzausprägung, die mindestens zwei Standardabweichungen (von je 15 IQ-Punkten, vgl. Anhang) über dem Mittelwert der Bevölkerung liegt, der bei M = 100 anzusiedeln ist. Andere Autoren verwenden teilweise andere Schwellenwerte zur Festlegung des quantitativen IQ-Kriteriums, und die Spannweite dieser Schwelle schwankt in etwa im Bereich von 120 bis 130 IQ-Punkten (vgl. Stumpf, 2011). Während nur etwa 2 % der Gesamtbevölkerung einen IQ von mindestens 130 erzielen, schneiden ungefähr 9 % mit einem Ergebnis von 120 oder besser ab; die Stichproben der Studien zu Hochbegabung sind also hinsichtlich des gewählten Intelligenzkriteriums nicht deckungsgleich.

Diese Einteilung in Kategorien darf generell nicht darüber hinweg täuschen, dass die Intelligenzausprägung in der Bevölkerung ein Kontinuum darstellt. Faktisch gibt es keinen Unterschied zwischen den intellektuellen Kompetenzen von Personen, die einen IQ von 129 bzw. 130 erzielen. Nichtsdestotrotz stellt die quantitative Fixierung der Hochbegabung die Grundlage für eine gelungene Kommunikation und Forschung dar, sofern sie stringent durchgeführt wird.

Kurze Erwähnung soll an dieser Stelle auch eine Erläuterung zum heute gebräuchlichen „IQ-Wert" finden. Dieser wird einheitlich als so genannter Abweichungsquotient verwendet, indem der individuelle Testwert einer Person anhand des Mittelwerts und der Standardabweichung einer repräsentativen Vergleichsgruppe („Normstichprobe") relativiert wird (s. Erläuterungen im Anhang). Da sich die intellektuellen Fähigkeiten über die Lebensspanne hinweg verändern, bezieht sich diese Normierung auf die jeweils relevante Altersgruppe. Diese Ermittlung geht auf den US-amerikanischen Forscher David Wechsler zurück und die Bezeichnung des „Intelligenzquotienten" ist hierfür eigentlich irreführend; diese Begriffswahl ist auf den deutschen Psychologen William

Stern zurückzuführen, der mit dem Intelligenzquotienten das Verhältnis von Intelligenzalter und Lebensalter bestimmte (IQ = Intelligenzalter : Lebensalter). Wechsler wurde mit seinem Abweichungsquotienten später der Tatsache gerecht, dass sich die intellektuellen Fähigkeiten über die Altersspanne hinweg nicht linear entwickeln; vielmehr ist im Kindes- und Jugendalter ein relativ starker Zuwachs zu verzeichnen und bereits ab dem frühen Erwachsenenalter ist für manche intellektuelle Kompetenzen ein Plateau erreicht. Die Bildung des Intelligenzquotienten nach Stern hätte hier zur Folge, dass dieser im Erwachsenenalter stetig sinkt. Beim Abweichungs-IQ hingegen werden die individuellen Fähigkeiten an der Altersgruppe relativiert und das Niveau kann daher auch im Erwachsenenalter aufrechterhalten bleiben (zur Vertiefung siehe Holling, Preckel & Vock, 2004).

Fazit: Heterogenes Begriffsverständnis und die Konsequenzen

Die bisherigen Ausführungen haben auf unterschiedliche Vor- und Nachteile der drei beschriebenen Hochbegabungsmodelle aufmerksam gemacht. Da Modellkonzeptionen die sachlogische Grundlage jeder Diagnostik darstellen, müssen die Hochbegabungsmodelle auch speziell auf diagnostische Konsequenzen hin beurteilt werden. Wie oben bereits erläutert, erlauben die Modelle von Renzulli und Heller aufgrund ihrer Mehrdimensionalität und Dynamik keine eindeutigen diagnostischen Schlussfolgerungen. Theoretisch durchaus interessant bleibt hierbei doch die genaue Spezifizierung der Gruppe der Hochbegabten etwas auf der Strecke. Eine Konkretisierung dieser Hochbegabungsmodelle für diesen praktisch hochrelevanten Aspekt wäre daher hilfreich. Als richtungsweisend für die diagnostische Praxis kann demgegenüber die Hochbegabungsdefinition von Rost gelten, die sich allerdings ausschließlich auf die intellektuelle Hochbegabung bezieht. Die Fokussierung auf den Generalfaktor der Intelligenz erscheint aus mehreren Gründen nicht als optimaler Weg für die Hochbegabungsdiagnostik. Erstens weisen hochintelligente Personen eher heterogene als homogene Begabungsprofile auf (vgl. Preckel, 2010). Dieses Phänomen wird leicht einsichtig, wenn man sich vor Augen führt, dass das Erzielen weit überdurchschnittlicher Werte in *mehreren* intellektuellen Domänen rein statistisch gesehen noch unwahrscheinlicher ist, als eine einzelne Begabungsspitze (z. B. im rechnerischen Denken) aufzuweisen. Genauer veranschaulicht wird dieser Sachverhalt in Kapitel 4.1 anhand der Intelligenzprofile der Würzburger Frühstudierenden unterschiedlicher Fachbereiche. Diese Profilunterschiede werden durch die Orientierung am Generalfaktor der Intelligenz nicht berücksichtigt, sondern hierdurch werden bevorzugt solche Personen als hochbegabt identifiziert, die in allen Intelligenzbereichen überdurchschnittlich abschneiden, wohingegen solche mit außergewöhnlichen Spitzenbegabungen in einer Domäne durchs Raster fallen. Was im Zuge der Hochbegabungsdiagnostik als optimal anzusehen ist, ist letztlich eine Frage der diagnostischen Zielsetzung. Zweifellos können gerade die Begabungsprofile praktisch wertvolle Informationen liefern, wenn es sich beispielsweise um die Auswahl für fachspezifische Fördermaßnahmen handelt. Zweitens wirken sich die einzelnen Intelligenzfaktoren unterschiedlich stark auf den Schulerfolg aus, wobei v. a. den verbalen Fähigkeiten ein besonderer Stellenwert zukommt (s. Kapitel 5). Die Auswahl der diagnostischen Instrumente muss also sorgfältig überlegt, Vor- und Nachteile müssen abgewogen werden.

Um die Komplexität der Sachverhalte für dieses Buch etwas zu zügeln, soll nun eine Arbeitsdefinition von Hochbegabung vorgenommen werden, an der sich die weiteren Kapitel maßgeblich orientieren werden. Nichtsdestotrotz werden andere Perspektiven weiterhin, aber untergeordnet, berücksichtigt.

Das Konstrukt Hochbegabung wird in diesem Band als *Potenzial* zu außergewöhnlichen Leistungen betrachtet, das sich grundsätzlich in unterschiedlichen Begabungsdomänen (intellektuell, musikalisch) manifestieren kann. Im Folgenden wird jedoch ausschließlich die intellektuelle Hochbegabung weiter behandelt und die Begriffe *hochbegabt* und *hochintelligent* daher synonym verwendet. Während aus den oben genannten Gründen sowohl ein- als auch mehrdimensionale Intelligenzkonstrukte für die hier verwendete Hochbegabungsdefinition akzeptiert werden, wird allgemein das Kriterium von IQ $\geq$ 130 zugrunde gelegt. Personen, die in der allgemeinen Intelligenz dieses Kriterium erzielen, werden daher als „allgemein hochbegabt" oder kurz „hochbegabt" bezeichnet, während darüber hinaus die Existenz fachspezifischer Hochbegabungen (z. B. sprachliche oder mathematische Hochbegabung) anerkannt wird.

Die Forderung einiger Autoren (z. B. Heller, 2001; Mönks, 1987) nach zusätzlicher Berücksichtigung nichtintellektueller Faktoren für eine Hochbegabungsdiagnose stellt meiner Ansicht nach einen Irrtum dar, der für die Diagnostik enorme – wenn nicht gar unlösbare – Ansprüche nach sich zieht. Dass nichtkognitive Faktoren dennoch eine wichtige Rolle in der Diagnostik spielen können, wird später noch deutlich werden.

Oben getroffene Hochbegabungsdefinition legt ein eher *statisches* Verständnis des Konstrukts zugrunde. Auch dies hat vorwiegend pragmatische Gründe. Dass die Intelligenzausprägung keineswegs vollkommen unveränderbar ist, soll in diesem Band selbstverständlich ebenfalls Beachtung finden (vgl. Kapitel 3).

2
Diagnostik von Hochbegabung

Die Uneinigkeit darüber, was genau unter Hochbegabung zu verstehen ist, setzt sich in der Frage nach der geeigneten Diagnostik fort. Doch ist darüber hinaus zu beobachten, dass vielerorts die Hochbegabungsdiagnostik nur wenig stringent aus einem bestimmten Hochbegabungsmodell abgeleitet wird. Wer sich theoretisch am Drei-Ringe-Modell der Hochbegabung von Renzulli orientiert, müsste konsequenter Weise auch alle drei Modellfaktoren (Begabung, Kreativität, Aufgabenverpflichtung) diagnostisch erfassen und die oben aufgeworfenen Fragen zur Art der Beziehungen zwischen diesen Einzelfaktoren möglichst exakt klären bzw. definieren. Wer sich indes auf die Definition von Rost beruft, kann eine Hochbegabung anhand geeigneter Tests zur Erfassung der allgemeinen Intelligenz (g-factor) überprüfen.

Auch die Zielsetzungen der Hochbegabungsdiagnostik können sehr stark variieren, was die konkrete Vorgehensweise fundamental beeinflusst. Nachfolgend wird die Hochbegabungsdiagnostik nach den jeweiligen Zielsetzungen getrennt beschrieben, um diesen Unterschieden gerecht zu werden. Darüber hinaus fokussiert die Darstellung der Diagnostik auf die oben getroffene Arbeitsdefinition der Hochbegabung und stellt weiterführende Aspekte hinten an. In Abschnitt 2.1 wird kurz die Vorgehensweise in der Einzelfalldiagnostik erläutert, bevor Möglichkeiten zur Gestaltung von Auswahlverfahren für Begabtenfördermaßnahmen vorgestellt werden (Abschnitt 2.2). Anschließend werden die wenigen verfügbaren Testverfahren, die speziell zur Hochbegabungsdiagnostik entwickelt wurden, vorgestellt (Abschnitt 2.3). Das Kapitel schließt mit der kritischen Reflexion der Aussagekraft von Eltern- und Lehrkraftratings für die Identifikation hochbegabter Schülerinnen und Schüler ab.

2.1   Einzelfalldiagnostik

In der Einzelfallarbeit der pädagogisch-psychologischen Praxis soll für ein bestimmtes Kind die Frage beantwortet werden, ob es hochbegabt ist oder nicht. Die Gründe für eine solche diagnostische Abklärung liegen beispielsweise in Symptomen der Unterforderung (Langeweile im Unterricht), und meist ist die Suche nach geeigneten Fördermaßnahmen der diagnostischen Fragestellung übergeordnet. Bei Sichtung der vorliegenden Literatur fällt allgemein auf, dass die Einzelfalldiagnostik nur randständig behandelt wird (zur Vertiefung s. Stumpf, 2011). Darüber hinaus plädieren etliche Autoren für eine mehrdimensionale Hochbegabungsdiagnostik und kritisieren Rost für die eindimensionale Orientierung am IQ. Während manche Autoren lediglich die differenzierte Diagnostik domänspezifischer intellektueller Fähigkeiten fordern (z. B. Holling, Preckel & Vock, 2004), müssen nach Heller (2001) alle relevanten kognitiven und nichtkognitiven Persönlichkeitsstruktur- und Prozessmerkmale sowie Faktoren der Umwelt erfasst werden.

Diese unterschiedlichen Forderungen bezüglich der Dimensionalität der Hochbegabungsdiagnose spiegeln sich in entsprechend unterschiedlichen Testverfahren wider, die in Kapitel 2.3 kurz vorgestellt werden. An dieser Stelle soll noch ergänzt werden, dass für die Hochbegabungsdiagnostik im Einzelfall die Durchführung mehrerer Testverfahren empfohlen wird, um die Aussagekraft zu erhöhen. In diesem

Kontext ist der so genannte Regressionseffekt zu berücksichtigen, der in Abschnitt 3.3.1 genauer erläutert wird.

2.2 Auswahlverfahren für Förderprogramme

In den letzten 20 Jahren ist im gesamten Bundesgebiet eine deutliche Ausweitung der Begabtenförderprogramme zu verzeichnen. Meist übersteigt die Nachfrage die Anzahl verfügbarer Plätze bei weitem, so dass die Anbieter eine Auswahl treffen müssen. In diesem Zuge hat die Frage nach der Gestaltung der Auswahlverfahren hohe praktische Relevanz erlangt. Obwohl solche Auswahlverfahren nun inzwischen vielerorts umgesetzt werden, mangelt es häufig noch an einer konsequenten Entwicklung dieser Verfahren. Da bundesweit jährlich mehrere tausend Kinder und Jugendliche solche Auswahlverfahren durchlaufen, sollen nachfolgend erst einige grundlegende Überlegungen zur Konzeption vorgestellt werden, bevor gängige Auswahlverfahren beschrieben und anschließend diskutiert werden.

Im Unterschied zur Einzelfalldiagnostik oder auch zur Identifikation Hochbegabter für die Forschung ist die Diagnostik zur Auswahl von Kindern und Jugendlichen für bestimmte Förderprogramme weit komplexer. Dies ist darin begründet, dass hier die Zielsetzung nicht in der Diagnostik der intellektuellen Fähigkeiten an sich liegt, sondern diese weit übersteigt. Und obwohl der Diagnostik hier ein sehr funktionaler Stellenwert zukommt, spielt sie eine ebenso zentrale Rolle wie in der Einzelfallarbeit und ist als eine wesentliche Stellschraube der Fördermaßnahmen anzusehen. Wie ein Auswahlverfahren für ein bestimmtes Förderprogramm zu gestalten ist, hängt von zwei wesentlichen Faktoren ab, die untrennbar mit dem Förderkonzept verwoben sind: den konkreten Zielsetzungen der Maßnahme sowie der Zielgruppe, die gefördert werden soll.

Auf den ersten Blick mag dieser Einwand banal erscheinen, doch sind die Zielsetzungen für Begabtenfördermaßnahmen sehr heterogen und nur selten explizit formuliert. Insbesondere bei umfangreichen Maßnahmen, wie der Beschulung in homogenen Begabtenklassen, werden meist sehr breite Zielsetzungen formuliert. Hier wird Begabtenförderung teilweise als Persönlichkeitsentwicklung mit dem Anspruch einer möglichst „ganzheitlichen" Entwicklungsförderung betrachtet (z. B. Weigand, 2008). Im deutschsprachigen Raum herrscht dieser Anspruch meiner Einschätzung nach vor, nur vergleichsweise selten wird die Förderung eines Aspekts (z. B. der Leistung) in den Vordergrund gestellt.

Aufgabe der Anbieter von Fördermaßnahmen ist es, die Zielsetzungen des Programms explizit zu formulieren und daraus die Zielgruppe abzuleiten. Für die Entwicklung einer sinnvollen diagnostischen Auswahlprozedur sollte ergänzend auf verfügbares Wissen der Entwicklungspsychologie sowie der Diagnostik zugegriffen werden. Beispielsweise ist für die Zielgruppe der „leistungsstarken Schülerinnen und Schüler" auf der Basis vorliegender empirischer Befunde deutlich, dass sowohl Leistungstests als auch Fähigkeitstests die Prognose späterer Leistungen erlauben – hier wäre weiter zu überdenken, an welchen spezifischen Kriterien man sich orientiert. Für die Auswahl von Schülerinnen und Schülern zur Teilnahme am Frühstudium (vgl. Abschnitt 6.4) ist ebenfalls zu überlegen, welche Rolle die intellektuellen Fähigkeiten, aber auch die schulischen Leistungen für den Erfolg spielen und damit für die Aufnahmeentscheidung einnehmen sollten. Weiterführend müssen hier beide Konstrukte noch hinsichtlich der fachlichen Domäne hinterfragt werden (z. B. müssen Frühstudierende besonders gute Schulleistungen in allen Fächern oder nur im gewünschten Studienfach aufweisen?)

Bevor wir nun zur Diskussion gängiger Auswahlverfahren für Begabtenfördermaßnahmen übergehen, soll noch betont werden, dass sich diese Programme nur in wenigen Fällen ausschließlich an hochbegabte Kinder oder Jugendliche richten. In der Regel wird die Zielgruppe etwas globaler umschrieben und fokussiert auf Schülerinnen und Schüler mit „besonderer Begabung" und/oder auf „leistungsstarke" Schülerinnen und Schüler (siehe auch Abschnitt 6.1).

Für die Auswahl von Kindern und Jugendlichen für Förderprogramme wird relativ einheitlich die Berücksichtigung mehrerer Komponenten gefordert. Daher bestehen die Auswahlverfahren in der Regel aus mehreren Bausteinen, wie etwa das Einreichen des letzten Schulzeugnisses, eines Motivationsanschreibens sowie die Teilnahme an einem Auswahlgespräch. Bei Auswahlverfahren für langjährige, komplexe

Fördermaßnahmen ist es darüber hinaus durchaus üblich, standardisierte Testverfahren zur Diagnostik der intellektuellen Fähigkeiten durchzuführen. Dies wird u.a. für die Auswahl für homogene Begabtenklassen in mehreren Bundesländern praktiziert. In einer Schule in Thüringen werden darüber hinaus fachspezifische Leistungstests zur objektiven Erfassung der Vorkenntnisse durchgeführt; dieses Vorgehen ist für eine *objektive* Leistungsmessung dringend anzuraten, da Zensuren vom Leistungsniveau der jeweiligen Klasse sowie von der beurteilenden Lehrkraft beeinflusst werden und daher den Leistungsvergleich von Schülerinnen und Schülern unterschiedlicher Klassen nicht gut abbilden. Auch die Ergebnisse der Untersuchung von Lohman und Korb (2006) zur Gestaltung von Auswahlverfahren sprechen für die Kombination bereichsspezifischer Leistungs- und Intelligenzkriterien für eine möglichst hohe Erfolgsprognose. Diese Leistungs- und Fähigkeitsmaße werden teilweise noch durch standardisierte Fragebögen zur Lern- und Leistungsmotivation, der Lern- und Arbeitshaltung oder selbstregulativen Fähigkeiten ergänzt.

Für die Umsetzung der Auswahlverfahren ist ein sequenzielles Vorgehen als Methode der Wahl anzusehen (im Überblick: Stumpf, 2011; siehe auch Feldhusen & Jarwan, 2002; Heller & Perleth, 2007b; Rost, 1991a). Die Objektivität des Verfahrens wird erhöht, wenn die standardisierten Bausteine der Auswahlprozedur vor die weniger standardisierten Bausteine geschaltet werden und daraus eine engere Wahl der Bewerberinnen und Bewerber getroffen wird. Für die Zusammensetzung homogener Begabtenklassen in Baden-Württemberg nehmen beispielsweise die vorgeschlagenen Kinder in einem ersten Schritt an einer Intelligenzdiagnostik einer bestimmten schulpsychologischen Beratungsstelle teil. Nur die Bewerbungsunterlagen derjenigen Kinder, die die vom Ministerium für Kultus, Jugend und Sport festgelegte Intelligenzmindestschwelle von IQ = 120 erreicht haben, werden an die Schulen mit Begabtenzügen weiter geleitet. Dort führt die Schule interne Bausteine des Auswahlverfahrens durch, die Aufnahmegespräche, Kennenlerntage und Probeunterricht beinhalten.

Für die bayerischen Standorte der Gymnasien mit homogenen Begabtenklassen ist das Vorgehen prinzipiell ähnlich, doch wird hier die Intelligenzdiagnostik ebenfalls von der aufnehmenden Schule durchgeführt. Insofern besteht hier auch die Möglichkeit, eine festgelegte Intelligenzschwelle in Einzelfällen zu unterschreiten. Dass dies durchaus häufiger der Fall ist, wurde durch eine Studie zu den homogenen Begabtenklassen eines Würzburger Gymnasiums bereits bestätigt (Stumpf & Schneider, 2008a; siehe dazu auch Kapitel 6.5).

Generell ist zu kritisieren, dass die Forderung nach mehrdimensionaler Konzeption der Auswahlverfahren für Förderprogramme ein sehr spezielles, nur selten gelöstes Problem nach sich zieht. Denn wenn im Auswahlverfahren mehrere Aspekte der Bewerberinnen und Bewerber diagnostisch erfasst werden, sollte auch eine konkrete Strategie zur Synthetisierung dieser Einzeldaten als Teil der diagnostischen Strategie formuliert werden. Dafür stehen unterschiedliche Möglichkeiten der Datenaggregation zur Verfügung (im Überblick s. Stumpf, 2011). Am stärksten verbreitet ist die *Festlegung kritischer Schwellenwerte,* die sich in der Praxis aber meist auf die Festlegung einer Intelligenzschwelle beschränkt (s. oben). Genau genommen wären solche Grenzwerte für alle testdiagnostisch ermittelten Entwicklungsbereiche, die im Auswahlverfahren erfasst werden, festzulegen, um dem subjektiven Beurteilungsspielraum Einhalt zu bieten. Problematisch ist hierbei die konkrete Festlegung dieser Schwellen sowie die Tatsache, dass meist die verfügbare Anzahl an Plätzen begrenzt ist und nicht beliebig viele (oder wenige) Teilnehmerinnen und Teilnehmer ausgewählt werden können. Das Vorgehen bei einer *kompensatorischen Verknüpfung der Einzeldaten* hat den Vorteil, dass die Einzeldaten jedes vorgeschlagenen Kindes zu einem Gesamtwert aggregiert werden, der die Erstellung einer Rangreihe 3 (siehe Anhang) der Bewerberinnen und Bewerber erlaubt. Die verfügbaren Plätze in der Fördermaßnahme können dann an die jeweils Besten dieser Rangreihe vergeben werden. Um die Einzeldaten unterschiedlicher Entwicklungsbereiche (z. B. Intelligenztest, Leistungstest, Fragebogen zur Motivation) zu einem Summenwert aggregieren zu können, müssen sie zuvor in Standardwerte transformiert werden. Dieses Vorgehen erfordert zwar einige statistische Vorkenntnisse, ist aber nach einer gewissen Einarbeitungsphase sicherlich gut zu bewältigen und wird durch die diagnostische Klarheit, die dadurch möglich wird, bei Weitem aufgewogen (konkrete Vorschläge zur Umsetzung siehe Hany, 1987). Als hochwertigste Methode zur Synthetisierung verschiedener diagnostischer Informationen ist die so genannte *kombinatorische Methode* anzusehen. Dabei können die Einzelbausteine des Auswahlverfahrens sowohl gleich als auch unterschiedlich stark gewichtet werden. Heller und Perleth (2007b) schlagen beispielsweise die stärkere Gewichtung der sprachlichen Fähigkeiten in Relation zu den Fähigkeiten im rechnerischen und anschaulichen Denken für die Auswahl für sprachliche Förderprogramme vor (z. B. nach dem Algorithmus der dreifachen Wertung der sprachlichen Fähigkeiten, zu denen die Fähigkeiten im rechnerischen und anschaulichen Denken in einfacher Wertung hinzuaddiert werden). Auch hier stellt sich jedoch noch die Frage, wonach genau die Einzelbausteine gewichtet werden sollen. Selbstredend orientieren sich solche Entscheidungen sinnvoller Weise an den Förderzielen der Maßnahme. Optimaler Weise werden die Faktoren für die Gewichtung in Pilotstudien zur Validierung der Auswahlverfahren empirisch ermittelt. Dabei werden die Einzelbausteine hinsichtlich ihrer Vorhersagekraft zur Erreichung der Zielkriterien überprüft. Die Ableitung empirisch fundierter Gewichte erfordert in der Regel mehrjährige Forschungsarbeiten, die im Rahmen von Pilotstudien erbracht werden können und einige statistische Kenntnisse erfordern. In den meisten Fällen sind die Anbieter von Fördermaßnahmen selbst dazu nicht befähigt, könnten aber diese Herausforderung in Kooperation mit Universitäten bewältigen.

2.3 Diagnostische Verfahren

Üblicher Weise wird im Kontext der Hochbegabungsdiagnostik eine breite Palette an Messinstrumenten vorgestellt, die neben Intelligenztests auch Leistungstests und Beurteilungsbögen für Dritte (Lehrkräfte, Eltern) beinhaltet. Daran ist bereits zu erkennen, dass diese Darstellung eng an der Auswahl für Förderprogramme orientiert ist und daher weit über die intellektuellen Fähigkeiten hinausgeht (siehe oben). Ausführliche Abhandlungen zur mehrdimensionalen Diagnostik sind u. a. bei Hany (1987), Heller und Perleth (2000a), Holling und Kanning (1999), Preckel (2008) und Rost (1991a) zu finden. In diesem Band sollen in Passung an die oben vorgenommene Arbeitsdefinition von Hochbegabung ausschließlich solche Verfahren diskutiert werden, die die diagnostische Abklärung einer intellektuellen Hochbegabung erlauben.

Die Tatsache, dass das Thema Hochbegabung im deutschsprachigen Raum erst seit ungefähr zwei Jahrzehnten intensiver beforscht wird, ist wohl auch dafür verantwortlich, dass hierzulande nach Kenntnis der Autorin nur drei Testverfahren vorliegen, die gezielt zur Diagnostik einer Hochbegabung entwickelt wurden. Auf Basis des mehrdimensionalen Münchner Hochbegabungsmodells (vgl. Kapitel 1.2) entwickelten Heller und Perleth (2007a) die *Münchner Hochbegabungstestbatterie (MHBT)*, die in je einer Version für die Primar- und die Sekundarstufe verfügbar ist. Die intellektuellen Fähigkeiten werden in dieser Testbatterie anhand einer überarbeiteten Version des Kognitiven Fähigkeitstests (KFT, Heller & Perleth, 2000b) auf den drei Dimensionen verbales, quantitativ-mathematisches und nonverbal-technisches Denken erfasst. Dabei wird vorwiegend die Intelligenzdimension der Verarbeitungskapazität erfasst. Die MHBT erlaubt darüber hinaus die Diagnostik weiterer Begabungsbereiche, die im zugrunde liegenden Modell enthalten sind. Dies wird über Lehrkraftchecklisten zur Einschätzung der Begabungsausprägung (z. B. Kreativität, Musikalität) realisiert. Die Erfassung der zur Umsetzung von Begabung in Leistung relevanten Moderatorvariablen wird in der MHBT durch standardisierte Schülerfragebögen ermöglicht (z. B. Familienklima, Motivation, Interessen).

Das zweite speziell zur Hochbegabungsdiagnostik entwickelte Verfahren stellt der *Berliner Intelligenzstrukturtest für Jugendliche: Begabungs- und Hochbegabungsdiagnostik* (BIS-HB, Jäger et al., 2006) dar. Dieser beruht auf dem Berliner Intelligenzstrukturmodell, das neben der Verarbeitungskapazität auch die Verarbeitungsgeschwindigkeit, den Einfallsreichtum und die Merkfähigkeit erfasst (vergleiche Abbildung 4). Diese vier operativen Fähigkeiten werden anhand des BIS-HB in den drei inhaltlichen Domänen zum verbalen, numerischen und figuralem Denken überprüft.

Als drittes Verfahren zur Hochbegabungsdiagnostik sind noch die *Advanced Progressive Matrices* (APM) zu nennen, die als schwierigste Version der von Raven entwickelten Testverfahren gilt. Dabei handelt es sich um einen sprachfreien Matrizentest, der zur Messung der allgemeinen Intelligenz unter ausschließlicher Verwendung figuraler Testaufgaben in ansteigender Schwierigkeit dient. Obwohl die APM für die Diagnostik im oberen Fähigkeitsbereich entwickelt worden sind, sind sie offenbar nicht gut geeignet, um noch ausreichend gut zwischen den

Diagnostik von Hochbegabung

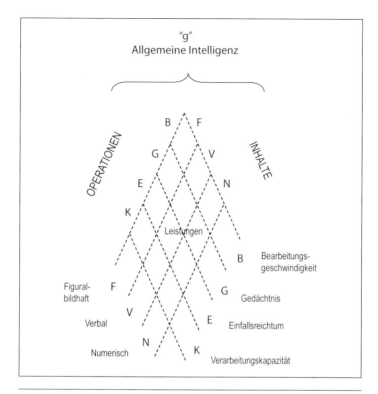

Abb. 4: Das Berliner Intelligenz-Struktur-Modell von Jäger (1982)

Potenzialen hochbegabter Schülerinnen und Schüler zu differenzieren, da so genannte Deckeneffekte auftreten (Preckel, 2010). Das bedeutet, dass die tatsächlichen Potenzialunterschiede zwischen diesen hochfähigen Personen mittels der APM offenbar nicht mehr abgebildet werden können (nähere Erläuterungen dazu im Anhang). Dennoch kann davon ausgegangen werden, dass die APM für die Hochbegabungsdiagnose an sich (IQ ≥ 130) zu aussagekräftigen Ergebnissen führt.

Die drei hier vorgestellten Testverfahren zur Hochbegabungsdiagnostik sind durch charakteristische Stärken und Schwächen gekennzeichnet und bieten daher unterschiedliche Möglichkeiten bzw. Einschränkungen. Nachfolgend sollen sie kurz anhand dreier Kriterien beurteilt werden: den erfassten Intelligenzkomponenten, dem Altersbereich vorliegender Normdaten und dem Aufwand für die Durchführung.

Die APM sind aufgrund der eindimensionalen Konzeption sehr ökonomisch in Durchführung und Auswertung, denn die Bearbeitungszeit ist mit etwa 60 Minuten vergleichsweise niedrig. Als Ergebnis erhält man einen einzelnen Wert, der als Maß für die allgemeine Intelligenzausprägung angesehen werden kann (dieser muss am so genannten Vertrauensintervall relativiert werden, siehe dazu die Erläuterungen im Anhang). Da die Ergebnisse allein aufgrund anschauungsgebundenem Testmaterials ermittelt werden, können die intellektuellen Fähigkeiten der untersuchten Person nicht inhaltlich differenziert werden. Inwiefern dies eine Einschränkung darstellt, kann nur vor der konkreten diagnostischen Zielsetzung beurteilt werden. Zumindest in solchen Fällen, in denen eine Schullaufbahnentscheidung zu treffen ist, sind die Ergebnisse des APM von eingeschränkter Relevanz, da die schulischen Leistungen am engsten mit den sprachlichen Kompetenzen assoziiert sind (siehe Kapitel 5); die Ergebnisse des APM korrelieren jedoch am höchsten mit der Mathematiknote (vgl. Preckel, 2010). Für die Beratungsarbeit ergibt sich darüber hinaus eine deutliche Einschränkung hinsichtlich des Altersbereichs, denn für die APM liegen Normwerte nur für 12- bis 60-jährige Personen vor. Da die Beratungsanliegen zum Thema Hochbegabung überwiegend im Vor- und Primarstufenalter auftreten (Preckel & Eckelmann, 2008; Weidtmann, 2007), ist der Einsatz der APM in den meisten dieser Fälle nicht möglich.

Noch stärkeren Einschränkungen im Altersbereich unterliegt der BIS-HB, der ausschließlich für die Altersspanne von 12 bis 16 Jahren normiert wurde. Damit geht das Verfahren am praktischen Bedarf weitgehend vorbei. Die Durchführungszeit beträgt fast drei Zeitstunden, was auf die breite inhaltliche Palette zurückzuführen ist, die mit dem Verfahren abgedeckt wird. Die Ergebnisse beinhalten sowohl die Möglichkeit einer Profilinterpretation hinsichtlich der drei inhaltlichen (sprachliches, numerisches, anschauliches Denken) und vier operativen (Verarbeitungskapazität, Informationsverarbeitungsgeschwindigkeit, Einfallsreichtum, Merkfähigkeit) Komponenten. Analog zum Berliner Intelligenz-Strukturmodell (vgl. Abbildung 4) wird aus diesen Einzelkomponenten ein Gesamtwert der Allgemeinen Intelligenz aggregiert. Inwiefern das hohe Maß inhaltlicher Differenzierung den hohen zeitlichen Aufwand der Durchführung (etwa 140 Minuten plus Pausen) rechtfertigt, ist wiederum nur unter Berücksichtigung der konkreten Zielsetzung angemessen zu beurteilen. Für die Einzelfallarbeit ist der BIS-HB zweifellos ein hochinteressantes Verfahren, dessen Einsatz sowohl hinsichtlich der inhaltlichen Aussagekraft als auch hinsichtlich der quantitativen Ausprägung sehr positiv zu beurteilen ist. Die Normierung wurde sorgfältig und nach sinnvollen theoretischen Vorüberlegungen vorgenommen, so dass Deckeneffekte auch in Gruppen hochfähiger Schülerinnen und Schüler nicht wahrscheinlich sind.

Die MHBT bietet Normdaten für die 3. bis 12. Jahrgangsstufe und die oben beschriebene inhaltliche Differenzierung (sprachliches, rechnerisches, anschauliches Denken) hat sich für die Einzelfallarbeit der Schullaufbahnberatung bewährt. Hinsichtlich der operativen Intelligenzkomponenten erlaubt der zugrunde liegende Intelligenztest KFT-HB hingegen keine Differenzierung, sondern bleibt auf die Verarbeitungskapazität beschränkt. Die Durchführungszeit der Testbatterie liegt je nach Jahrgangsstufe zwischen 120 und 240 Minuten.

Zusammenfassend betrachtet, handelt es sich bei den drei diskutierten Verfahren um hochwertige Tests, die sich deutlich hinsichtlich der Altersspanne sowie der Breite der erfassten Intelligenzkomponenten unterscheiden. Diese Unterschiede sind durchaus von hoher praktischer Relevanz. Bei solchen Schülerinnen und Schülern, die sich durch ein homogenes Intelligenzprofil auszeichnen, sollten die Unterschiede des Differenzierungsgrades nicht allzu sehr ins Gewicht fallen. Im Gegensatz dazu ist bei Personen mit sehr heterogenen Intelligenzprofilen zu erwarten, dass die Ergebnisse in diesen drei Testverfahren relativ unterschiedlich ausfallen können. Eine Schülerin mit überdurchschnittlicher Begabung im anschaulichen Denken, die im verbalen und rechnerischen Denken über durchschnittliche Fähigkeiten verfügt, wird vermutlich im APM ein sehr positives Ergebnis erzielen, im BIS-HB sowie in der MHBT wird sich die bereichsspezifische Begabung hingegen vermutlich nur geringfügig bzw. nur in den entsprechenden Subtests auswirken. Die resultierenden IQ-Werte dieser Schülerin sollten sich in den drei Testverfahren daher relativ stark voneinander unterscheiden.

Wie zuvor bereits erläutert, wird meist die Durchführung mehrerer Testverfahren für die Überprüfung einer Hochbegabung empfohlen.

Hier bietet sich die Kombination eines umfassenden Verfahrens mit einem ökonomischen Verfahren an. Sinnvoll könnte etwa die Kombination des BIS-HB und der APM an zwei unterschiedlichen Tagen sein. Wie oben erörtert, ist diese Möglichkeit nur für den engen Altersbereich von 12–16 Jahren gegeben, wohingegen der Einsatz der MHBT fast über das gesamte Schulalter möglich ist.

Die oben aufgeführten Einschränkungen an spezifischen Testverfahren zur Hochbegabungsdiagnostik bringen mit sich, dass wir darüber hinaus noch auf den Einsatz regulärer Intelligenztestverfahren angewiesen sind. Insbesondere für jüngere Kinder mangelt es uns noch an gut geeigneten Verfahren, die im oberen Fähigkeitsbereich zu verlässlichen Ergebnissen führen. Hier sind die Ergebnisse umso zurückhaltender zu interpretieren.

Generell soll angemerkt werden, dass die Notwendigkeit einer Hochbegabungsdiagnose vor der Umsetzung gründlich überlegt und diskutiert werden sollte. In vielen Fällen kann eine Problemlösung auch ohne Testdiagnostik erzielt werden. Eine diagnostische Abklärung der intellektuellen Kompetenzen kann andererseits auch zu einer Klärung der Situation beitragen. Für die Frage, ob eine Diagnostik sinnvoll ist, ist auch der Zeitpunkt der Diagnostik von großer Bedeutung. Denn die Stabilität der Diagnose spielt für die prognostische Aussagekraft früher Hochbegabungsdiagnosen eine zentrale Rolle. Dies wird in Abschnitt 3.5 zusammenfassend diskutiert.

Ebenfalls häufig diskutiert wird die Frage, inwieweit Lehrkräfte und Eltern in der Lage sind, hochbegabte Kinder und Jugendliche zu erkennen. Doch haben Studien gezeigt, dass die Beurteilung der intellektuellen Fähigkeiten nur mäßig gut gelingt. *Lehrkräfte* neigen dazu, sich bei dieser Beurteilung vorwiegend an den schulischen Leistungen ihrer Schülerinnen und Schüler zu orientieren (Preckel, 2008; Rost, 1991a). Als Konsequenz gelingt ihnen die Identifikation hochbegabter Schülerinnen und Schüler umso schlechter, je größer die Diskrepanz aus Intelligenz und Schulleistung ist. So genannte Overachiever (Schülerinnen und Schüler, deren erzielte Leistungen höher ausfallen, als aufgrund ihrer Fähigkeiten anzunehmen wäre) werden von Lehrkräften häufiger irrtümlich für hochintelligent eingeschätzt, während sie so genannte Underachiever (Schülerinnen und Schüler, deren Leistungen deutlich unter den Möglichkeiten bleiben) bei der Identifikation übersehen.

Hochbegabte Hochleister haben indes relativ gute Chancen, von Lehrkräften als hochbegabt identifiziert zu werden.

Die Lehrkrafturteile zur Intelligenz ihrer Schülerinnen und Schüler werden durch einige Stereotype verzerrt. Die soziale Herkunft, die Angepasstheit sowie die Leistungsmotivation des Kindes beeinflussen nachweislich die Beurteilungen durch Lehrkräfte (s. Preckel, 2008; Rost, 1991a). Zudem werden durch das Lehrkrafturteil deutlich mehr Jungen als Mädchen als „hochbegabt" identifiziert, was dem realen Geschlechterverhältnis nicht gerecht wird. In der Primarstufe orientieren sich die Lehrkräfte überdies stark an nichtkognitiven Personmerkmalen (z. B. Freundlichkeit, Beliebtheit) der Kinder zur Beurteilung deren Intelligenz (Preckel, 2008). Auch gibt es Hinweise darauf, dass Lehrkräfte es eher als problematisch ansehen, nicht hochbegabte Schülerinnen und Schüler als hochbegabt zu klassifizieren als tatsächlich Hochbegabte zu übersehen (Preckel, 2008).

Eltern neigen eher zu einer Überschätzung der Fähigkeiten ihres Kindes, so dass es vermehrt zu einer irrtümlichen Selektion nicht hochbegabter Kinder kommt. Das Urteil von Eltern ist stärker vom Wunschdenken beeinflusst und es mangelt ihnen an Vergleichsmöglichkeiten zur adäquaten Einschätzung der Fähigkeiten ihres Kindes (s. Rost, 1991a). Auch hier ist die (ungerechtfertigte) Tendenz zu erkennen, dass mehr Jungen als Mädchen als hochbegabt benannt werden.

Die Güte von Lehrkraft- und Elternurteil wird üblicher Weise durch die Maße der Effektivität und Effizienz wiedergegeben (Pegnato & Birch, 1959; Rost, 1991a). Die *Effizienz* bezeichnet den Prozentsatz der tatsächlich Hochbegabten relativiert an der Zahl der insgesamt nominierten Schülerinnen und Schüler. Mit der *Effektivität* wird der Prozentsatz der tatsächlich Hochbegabten bezeichnet, die durch die Nomination entdeckt werden (s. Holling & Kanning, 1999). Während Lehrkräfte nur ca. 45 % der nach standardisierter Testung als hochbegabt klassifizierten Schülerinnen und Schüler erkennen, lag die Effektivität des Elternurteils zur mathematischen Hochbegabung mit 86 % erwartungsgemäß deutlich höher (vgl. Gear, 1976; Holling & Kanning, 1999; Preckel, 2008.). Kehrseite dieser Fähigkeit zur Identifikation stellt die geringe Effizienz des Elternurteils (23 % nach Holling & Kanning, 1999) dar, die bei Lehrkräften mit ca. 27 % (Holling & Kanning, 1999) bis 50 % (Gear, 1976; Preckel, 2008) etwas höher ausgeprägt ist.

Vielfach wurde versucht, die Treffsicherheit von Lehrkraft- und Elternurteilen für die Identifikation Hochbegabter und die Diagnostik einer Hochbegabung durch den Einsatz spezieller Checklisten zu erhöhen. Diese Checklisten fanden in Forschung und Beratungspraxis weite Verbreitung, woran u. a. die bundesweiten Elterninitiativen (Deutsche Gesellschaft für das hochbegabte Kind; Hochbegabtenförderung e.V.) maßgeblich beteiligt waren. Lange Zeit wurden diese Checklisten ohne jegliche wissenschaftliche Fundierung eingesetzt und waren daher zu Recht umstritten (s. Holling & Kanning, 1999; Rost, 1991a). Unlängst wurden solche Checklisten hinsichtlich ihrer Aussagekraft für die Hochbegabungsidentifikation und -diagnostik überprüft. Die Ergebnisse zeigen jedoch, dass deren Einsatz keine bedeutsamen Verbesserungen von Lehrkraft- und Elternurteil erlauben (Buch, Sparfeldt & Rost, 2006; Perleth, Preckel, Denstädt & Leithner, 2008; Preckel, 2008). Werden Lehrkräfte gezielt bezüglich der Identifikation hochbegabter Schülerinnen und Schüler trainiert, kann die Treffsicherheit jedoch deutlich verbessert werden (Gear, 1976).

Fazit

Zur Diagnostik der Hochbegabung ist die stringente Orientierung an einem Hochbegabungsmodell zu fordern. Für die Einzelfallarbeit wird der Einsatz mehrerer Intelligenztestverfahren empfohlen. Der diagnostische Auswahlprozess für Förderprogramme umfasst in der Regel weitere Bausteine, die aus den Programmzielen abgeleitet werden sollten. Hierfür ist zu berücksichtigen, dass *mehr* Informationen zu den vorgeschlagenen Kindern nicht unbedingt zu besseren Entscheidungen führen; vielmehr sollte angestrebt werden, auf Basis der Programmziele und empirischen Vorbefunde prognostisch valide Auswahlkriterien einzubeziehen. Darüber hinaus ist zugunsten der Objektivität die Aggregation dieser vielfältigen Daten für die konkrete Aufnahmeentscheidung kritisch zu hinterfragen.

Für die Absicherung einer intellektuellen Hochbegabung ist die Durchführung einer Intelligenzdiagnostik indiziert, da subjektive Beurteilungen zu charakteristischen Fehleinschätzungen führen können. Gleichwohl darf vor Durchführung einer Diagnostik deren Nutzen für die praktische Fragestellung kritisch hinterfragt werden; in den Kapiteln 3 und 4 werden einige Gründe dafür erläutert. Die Rolle nichtkognitiver Faktoren für die Hochbegabungsdiagnose wird unterschiedlich beurteilt; unbestritten kommt der nichtkognitiven Persönlichkeitsentwicklung in der Schullaufbahnberatung ein zentraler Stellenwert zu, da hier üblicher Weise weiterführende Zielsetzungen der Diagnostik greifen und sie für die schulische Leistungssituation ebenfalls eine Rolle spielen.

3
Entwicklung von Hochbegabung

Nachdem nun das Konstrukt Hochbegabung charakterisiert wurde, wird in diesem Kapitel die aktuelle Befundlage zu Determinanten in der Entwicklung von Hochbegabung aus unterschiedlichen Perspektiven diskutiert. Da zu den meisten in Kapitel 3 behandelten Themen so gut wie keine spezifischen Befunde zur Hochbegabung bekannt sind, wird auf die Entwicklung, Stabilität und Förderung der Intelligenz zurückgegriffen. Eingangs wird die so genannte Anlage-Umwelt-Kontroverse dargestellt, die Wissenschaftler weltweit beschäftigt und die Entwicklung von Intelligenzunterschieden in der Population hinterfragt (Abschnitt 3.1). Im Kontext der Entstehung von Hochbegabung werden tatsächlich nach wie vor vollkommen konträre Positionen angeführt, die einerseits eine angeborene Begabung als unveränderbare Gabe betrachten, wohingegen Vertreter der Umwelttheorie davon ausgehen, Hochbegabung sei das Produkt optimaler Förderbedingungen. In Abschnitt 3.2 wird mit dem Flynn-Effekt ein universeller Entwicklungseffekt der Intelligenz erläutert, bevor in Abschnitt 3.3 die Befunde zur Stabilität der Intelligenz anhand verschiedener methodischer Ansatzpunkte beleuchtet werden. Das Kapitel schließt mit einer kurzen Betrachtung der Fördermöglichkeiten intellektueller Fähigkeiten ab (Abschnitt 3.4). Es wird darüber hinaus auch diskutiert, inwiefern die dargestellten Befunde zur Intelligenz auf den oberen Fähigkeitsbereich übertragbar sein sollten.

3.1 Entwicklung von Intelligenzunterschieden: Anlage- oder umweltbedingt?

Die so genannte Anlage-Umwelt-Kontroverse greift zur Erklärung der Entwicklung von Intelligenzunterschieden auf populationsgenetische Studien zu. Eingangs ist anzumerken, dass es sich hier um die Erklärung von Populationswerten, also um Varianzaufklärung handelt (siehe Erläuterungen im Anhang). Die Studien lassen weder Schlussfolgerungen für Einzelfälle noch für den Vergleich von Intelligenzausprägungen von Personengruppen zu. Den Untersuchungen liegt die Überlegung zugrunde, dass die Gesamtvarianz der Intelligenz – also die Intelligenzunterschiede innerhalb der Bevölkerung – zurückzuführen sind auf (1) genetische Unterschiede sowie auf (2) Unterschiede in den Umwelten. Die Umweltfaktoren können weiterhin differenziert werden in die (2a) geteilte Umwelt, die zur Ähnlichkeit von gemeinsam aufwachsenden Personen beitragen (sozioökonomischer Status, Wohnumfeld), wohingegen Faktoren der (2b) nichtgeteilten Umwelt gemeinsam aufwachsende Personen unterschiedlich beeinflussen (z. B. verschiedene Freunde, spezifische Umweltfaktoren).

Um abschätzen zu können, in welchen Anteilen die Gesamtvarianz der Intelligenz auf diese Faktoren zurückzuführen sind, werden unterschiedliche Personengruppen betrachtet, deren genetische Ähnlichkeit aufgrund des Verwandtschaftsgrades bestimmt werden kann. Besonders populär wurde hierbei die Untersuchung Eineiiger Zwillingspärchen (EZ) und Zweieiiger Zwillingspärchen (ZZ). Während ZZ wie altersverschiedene Geschwister 50 % des Erbmaterials teilen, ist die genetische Ausstattung EZ identisch (100 %). Im Rahmen dieser Studien wurden die intellektuellen Fähigkeiten der Zwillingspärchen überprüft und anhand von Korrelationsmaßen (siehe dazu die Erläuterungen im Anhang) die Ähnlichkeit der Intelligenzausprägung ermittelt. Wie zahlreiche Studien zeigen, ist der Zusammenhang der Intelligenzausprägung für EZ deutlich höher ausgeprägt als für ZZ, und dieser Befund trifft selbst dann noch zu, wenn die Zwillingspärchen getrennt aufgewachsen sind. Diese Befunde können nur als deutlicher Einfluss genetischer Faktoren auf die Entwicklung von Intelligenzunterschieden interpretiert werden. In die gleiche Richtung sind die Befunde so genannter Adoptionsstudien zu interpretieren, da die Korrelationsmaße der Intelligenzwerte zwischen den adoptierten Kindern und ihren biologischen Müttern (genetische Ähnlichkeit 50%) stets höher ausfiel als zu ihren Adoptivmüttern (keine genetische Ähnlichkeit).

Dieser hochinteressante Forschungszweig soll an dieser Stelle nicht weiter vertieft werden, für interessierte Leserinnen und Leser sei dazu auf weiterführende Literatur verwiesen (Rost, 2009; Spinath, 2010). Vielmehr wird nachfolgend die Essenz dieser komplexen Forschungen resümiert und zwei weiterführende Befunde sollen kurze Beachtung finden.

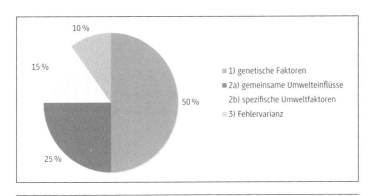

Abb. 5: Varianzanteile der Intelligenzdeterminanten (Anlage-Umweltfaktoren)

Zusammenfassend kann der aktuelle Forschungsstand zur Entstehung von Intelligenzunterschieden dahingehend resümiert werden, dass die Intelligenzunterschiede etwa zu 50% auf (1) genetische Faktoren zurückzuführen sind (vgl. Abbildung 5). Weitere geschätzte 25% der Varianz können durch Einflüsse der (2a) gemeinsamen Umwelt und etwa 15 % auf Faktoren der (2b) spezifischen Umwelt erklärt werden. Es verbleibt ein Restanteil der Varianz (3), der nicht aufgeklärt werden kann („Fehlervarianz") von etwa 10 % (vgl. Bjorklund & Schneider, 2006; Klauer, 2006; Spinath, Spinath & Borkenau, 2007). Darüber hinaus wurde inzwischen anhand von Längsschnittstudien überzeugend belegt, dass die relative Bedeutung der genetischen bzw. Umweltfaktoren sich über die Lebensspanne ändert. Während die Gesamtvarianz der Intelligenz im frühen Kindesalter etwa zu 20 % auf genetische Faktoren zurückzuführen ist, steigt dieser Anteil bis zum Einschulungsalter auf etwa 40–50 % und bis zum Erwachsenenalter auf etwa 60 % an (Spinath, 2010). Die Rolle der genetischen Ausstattung nimmt also im Laufe der Lebensspanne zur Erklärung der Intelligenzunterschiede zu, parallel dazu ist ein sinkender Einfluss der geteilten Umwelt zu verzeichnen. Dieses Phänomen kann durch eine Veränderung in der Gen-Umwelt-Interaktion erklärt werden (vgl. Scarr, 1996, zitiert nach Rost, 2009): Während jüngere Kinder wenige Möglichkeiten haben, ihre Umwelt gezielt zu wählen oder zu beeinflussen, steigt diese Möglichkeit im Laufe der Lebensspanne an. Nach dem Erklärungsansatz der aktiven Anlage-Umwelt-Korrelation suchen die Menschen hierbei bevorzugt solche Umweltbedingungen auf, die möglichst gut zu ihrer genetischen Ausstattung passen. Dadurch steigt der Einfluss der genetischen Faktoren im Laufe der Lebensspanne an.

Weitere differenzielle Ausprägungen der oben angeführten Befundlage zur Anlage-Umwelt-Debatte der Intelligenzentwicklung ergeben sich aus Querschnittsstudien unter Berücksichtigung unterschiedlicher sozioökonomischer Schichten. Hier zeigte sich der stärkere Einfluss genetischer Faktoren bei Zwillingskindern aus finanziell gut gestellten Familien, wo etwa 55 % der Varianz auf genetische Faktoren zurückzuführen waren. Für die Kinder der Familien aus der unteren Einkommensschicht fiel der Anteil der genetisch bedingten Varianz mit etwa 40 % hingegen deutlich geringer aus (Spinath, 2010).

Die hier referierten Befunde zur Rolle der Anlagebedingungen für die Erklärung der Intelligenzunterschiede müssen in den richtigen Blickwinkel gerückt werden. Vorab soll erneut betont werden, dass die Erblichkeitsschätzungen keinerlei Schlussfolgerungen für Individuen zulassen, sondern ausschließlich Populationskennwerte darstellen. Zudem darf eine genetische Determination eines Merkmals *nicht* als unveränderbar interpretiert werden. Dies wird in Analogie zur Körpergröße deutlich, die sehr stark genetisch bedingt wird, die Menschen werden dessen ungeachtet kontinuierlich größer. Ein vergleichbarer universeller Effekt ist auch für die Intelligenz evident, dieser wird unter 3.2 noch behandelt. Auch das Beispiel der Phenylketonurie verdeutlicht diese Tatsache: Hierbei handelt es sich um eine sehr seltene vererbte Stoffwechselstörung, bei der durch Inaktivität eines Enzyms die Aminosäure Phenylalanin nicht abgebaut werden kann (Birbaumer & Schmidt, 1991). Bleiben die Personen unbehandelt, führt die Anreicherung der Aminosäure zu einer schweren geistigen Behinderung. Durch eine eiweißarme Diät können die Symptome dennoch vollständig verhindert werden – die genetische Determination kann also durchaus durch die passende Umweltgestaltung positiv beeinflusst werden.

Darüber hinaus bleibt auch bei einem Erblichkeitsfaktor von etwa 50 % ein bedeutender Anteil der Intelligenzunterschiede, der durch Umweltfaktoren erklärbar ist. Die zuvor beschriebene Evidenz für differenzielle Ausprägungen erlaubt zudem die Schlussfolgerung, dass die gezielte Gestaltung anregungsreicher Umwelten v. a. im frühen Kindesalter und bei Kindern aus bildungsfernen Familien wirksam sein sollte (Rost, 2009). Im Fokus neuerer Betrachtungen stehen eher die vielfältigen Interaktionen von Anlage- und Umweltbedingungen hinsichtlich der Erklärung der Intelligenzunterschiede, die durch die Suche nach optimalen Umweltbedingungen angeregt werden (vgl. Rost, 2009; Spinath, 2010).

3.2 Universelle Intelligenzentwicklung: Flynn-Effekt

In den letzten 60 Jahren kam es zu einem so genannten Kohorteneffekt der Intelligenzentwicklung, der als Anstieg der durchschnittlichen Intelligenzausprägung der Bevölkerung gut dokumentiert ist. Dieses als „Flynn-Effekt" bekannt gewordene Phänomen betrug zwischen fünf und 25 IQ-Wertpunkte über den Zeitraum einer Generation (30 Jahre) und fiel bei Intelligenzmessungen anhand der Raven-Tests mit ca.

18 IQ-Punkten noch höher aus als bei den Wechsler-Skalen oder dem Standford-Binet-Test mit ca. neun bis 18 Punkten (Flynn, 1987, 1999). Durchschnittlich kann der Flynn-Effekt auf etwa 0.4 IQ-Punkte pro Jahr geschätzt werden (Rost, 2009). Da der Intelligenzquotient heutzutage als individueller Wert in Relation zur relevanten Bezugsgruppe ermittelt wird (vgl. Anhang), führt der Einsatz von veralteten Normwerten zu einer systematischen Überschätzung von Intelligenztestergebnissen. Insbesondere für die Hochbegabungsdiagnostik resultiert daraus das Risiko der deutlichen Überidentifikation, weswegen vom Einsatz von Intelligenztestverfahren mit veralteten Normwerten nur abgeraten werden kann.

Zwar variiert die Höhe des Flynn-Effekts auch in den unterschiedlichen Nationen, doch wurde er inzwischen sowohl für industrialisierte als auch für Entwicklungsländer nachgewiesen (Flynn, 1987). Als Ursache für den Flynn-Effekt wird das Zusammenwirken mehrerer Faktoren, wie bessere Ernährungsbedingungen, die steigende Stimulierung durch Umweltreize sowie der Anstieg von Qualität und Quantität des schulischen Unterrichts, diskutiert (vgl. Rost, 2009). Aktuell wird über die Stagnation des Flynn-Effekts spekuliert, überzeugende Befunde stehen hierzu indes noch aus.

3.3 Stabilität von Hochbegabung: Differenzielle Perspektive

3.3.1 Befunde zur Intelligenz

Untersuchungen zur Stabilität des IQ werden üblicher Weise über die Ermittlung von Korrelationsmaßen und damit dem Vergleich von Rangreihen (Erläuterungen zu den Begriffen im Anhang) zu verschiedenen Zeitpunkten ausgewertet. Daher fallen keine Niveauverschiebungen (wie bspw. der Flynn-Effekt), sondern nur Veränderungen innerhalb der Rangreihen ins Gewicht (nähere Erläuterungen und Beispiele dazu sind im Anhang enthalten). Bei dieser Betrachtung handelt es sich also um die Stabilität der IQ-Unterschiede zwischen Personen. Die so ermittelten Stabilitätskennwerte des IQ fallen ab etwa 7 bis 8 Jahren relativ hoch aus (Holling, Preckel & Vock, 2004; Rost, 1991a; Schneider, 2008a; Tannenbaum, 1992). Im Säuglings- und Kleinkindalter gelingt die Vorhersage des späteren IQ im Vergleich dazu nicht ausreichend gut; nach Befunden der Fullerton Longitudinal Study betragen die Stabilitätswerte über die Altersspanne von einem bis 17 Jahren nur $r = .16$ und sind sogar für die Altersspanne von einem bis fünf Jahren ähnlich niedrig ausgeprägt ($r = .18$) (vgl. Gottfried, Gottfried & Wright Guerin, 2009). Ab einem Alter von drei Jahren konnten in dieser Studie bereits deutlich bessere Stabilitäten nachgewiesen werden; sie lagen für den Zeitraum von drei bis acht Jahren bei $r = .54$ und bis 17 Jahren immerhin bei $r = .43$. Die Stabilitätswerte zur Vorhersage der Intelligenzrangreihe mit 17 Jahren stieg erst bei einer ersten Messung mit sieben ($r = .70$) bzw. acht Jahren ($r = .77$) deutlich an (vgl. Gottfried, Gottfried & Wright Guerin, 2009). Möchte man also die Intelligenzrangreihe (siehe dazu das Beispiel im Anhang) für das Erwachsenenalter prognostizieren, gelingt dies frühestens anhand der mit sieben bis acht Jahren erzielten IQ-Werte der Personen relativ gut. Weitere Anstiege sind bis zum Erwachsenenalter zu verzeichnen, wo die Stabilitäten über einen siebenjährigen Zeitraum mit $r = .89$ bis $r = .96$ sehr hoch ausgeprägt sind (Holling, Preckel & Vock, 2004). Sofern sich für diese Altersspanne noch geringere Stabilitätskennwerte zeigen, sind diese nach Rost (2009) auf die Messfehler der verwendeten Testverfahren zurückzuführen.

Wenngleich nun also relativ hoher Konsens bezüglich der hohen Stabilität der Intelligenzwerte ab dem Grundschulalter herrscht, ist die Befundlage für die Stabilität im frühen Kindesalter noch recht heterogen. Nach Rost (2009) ist der IQ bis zum Alter von etwa vier Jahren noch als instabil anzusehen und Individualprognosen sind daher in dieser Altersspanne nicht möglich.

Zur Erklärung dieser imperfekten Stabilitätswerte seien an dieser Stelle nur einige Determinanten beispielhaft aufgeführt (zur Vertiefung siehe Lohman & Korb, 2006). Jede Messung psychologischer Konstrukte ist mit einem Messfehler behaftet, dessen Größe die Korrelation aus zwei Messzeitpunkten beeinflusst. Dabei handelt es sich zum Beispiel um Ungenauigkeiten in der Aufgabenstellung oder um tagesformabhängige Schwankungen in der Aufgabenbearbeitung. Darüber hinaus kommt es für längsschnittliche Untersuchungen zu einer Anpassung der dargebotenen Aufgaben an die jeweilige Altersgruppe. In diesem Zuge ist die absolute Vergleichbarkeit der beiden Testversionen nicht mehr gegeben. Dabei geht es nicht nur um eine pauschale Veränderung im Schwierigkeitsgrad, sondern die Aufgaben aus Test 1 und Test 2 können etwas unterschiedliche Kompetenzen erfordern, was die Rangreihe der Testwerte beeinflussen kann.

Zudem wirkt sich der so genannte *Regressionseffekt* auf die Stabilität zweier Messungen aus: individuelle Messwerte tendieren bei einer wiederholten Messung zum Mittelwert, und die Abweichung der beiden individuellen Messwerte einer Person fällt umso größer aus, je stärker der erste Messwert vom Mittelwert abwich. Sehr hohe (sowie sehr niedrige) Testwerte bei der ersten Messung lassen also keineswegs ein vergleichbar hohes Ergebnis bei der zweiten Messung erwarten. Leicht einsichtig wird dieses Phänomen, wenn man sich vor Augen führt, dass das Erzielen eines bestimmten Messwerts statistisch betrachtet umso unwahrscheinlicher wird, je weiter dieser vom Mittelwert entfernt ist. Lohman und Korb (2006) ermitteln exemplarisch Erwartungswerte einer zweiten Intelligenzmessung bei einer angenommenen Korrelation der beiden Testverfahren (aus Messzeitpunkt 1 und 2) von r = .80. Wurde in der ersten Messung ein $IQ_1 = 130$ erzielt, liegt der Erwartungswert der zweiten Messung bei $IQ_2 = 124$. Wurde hingegen in der ersten Messung ein Wert von $IQ_1 = 145$ erzielt, liegt der Erwartungswert für die zweite Messung bei $IQ_2 = 126$. Wie aus diesen Beispielen deutlich wird, steigt der absolute Regressionsbetrag mit der Abweichung des ersten Wertes vom Mittelwert (M = 100) und beträgt im ersten Beispiel 6 und im zweiten Beispiel 9 IQ-Punkte. Darüber hinaus fällt dieser Regressionseffekt bei einer geringeren Korrelation der beiden Testverfahren noch größer aus.

Abschließend sollen noch die differenziellen Zuwachsraten der untersuchten Personen von Messzeitpunkt 1 zu Messzeitpunkt 2 angeführt werden. Denn bei aller Universalität in den Entwicklungsprozessen verlaufen individuelle Entwicklungskurven selbstverständlich nicht perfekt parallel. Manche Probanden werden im untersuchten Zeitraum eine positivere Entwicklung durchlaufen als andere. Dadurch kommt es zu einer Verschiebung der Rangreihe und zu einem geringeren Stabilitätskennwert. In diesem Zusammenhang sind Untersuchungen zu *intraindividuellen Veränderungen* der Intelligenztestergebnisse von besonderem Interesse, denn sie beleuchten das Thema aus einem anderen Blickwinkel als die zuvor aufgeführten Korrelationsstudien. Betrachtet man die Ergebnisse längsschnittlicher Intelligenztestungen vom 6. bis 18. Lebensjahr nach Kategorien der Veränderungen, so ergaben sich in der Studie von Honzik, Macfarlane und Allen (1948) über diese Zeitspanne nur bei ca. 15 % der Kinder Veränderungen im IQ-Wert von weniger als zehn Punkten. Bei ca. 85 % der Kinder kam es in diesem Zeitraum zu Veränderungen von mindestens zehn IQ-Punkten, bei 58 % betrug diese Veränderung sogar 15 und mehr IQ-Punkte.

3.3.2 Befunde zu Hochbegabung

Spezifische Studien zur Stabilität der Hochbegabung sind nur wenige zu finden; nachfolgend werden die verfügbaren Befunde kurz vorgestellt.

In der weltbekannten Terman-Studie zur Entwicklung Hochbegabter wurde ein Teil der Probanden im Abstand von sechs Jahren zweimal hinsichtlich ihrer Intelligenz untersucht. Die Ergebnisse der zweiten Testung fielen durchschnittlich acht IQ-Punkte geringer aus als bei der ersten Erhebung, was auf den statistischen Regressionseffekt der Messwerte (siehe oben) zurückgeführt wird (Terman, 1959). Auch im Marburger Hochbegabtenprojekt (Rost, 2000, 2009) wurde die Stabilität der Hochbegabungsdiagnose zwischen der 3. und 9. Jahrgangsstufe überprüft. Hier erzielten ca. zwei Drittel (71 %) der in der 3. Klasse mittels Testdiagnostik als hochbegabt identifizierten Kinder auch in der 9. Jahrgangsstufe noch das Hochbegabungskriterium. Die Stabilität der Intelligenztestergebnisse betrug in dieser Studie r = .85 (Rost, 2000). Unter Berücksichtigung des statistischen Regressionseffektes ist dies als hohe Stabilität der Hochbegabungsdiagnose zu beurteilen (Rost, 2010).

Berücksichtigt werden muss hier jedoch die Tatsache, dass im Marburger Hochbegabtenprojekt die Hochbegabungsdiagnose durch den Einsatz mehrerer Intelligenztests gestellt wurde und daher von höherer Validität sein sollte als bei einfacher Testung. Statusfaktoren der Familien, wie Bildungsniveau der Eltern und Schichtzugehörigkeit, beeinflussten zudem nachweislich die Stabilität der Hochbegabung (Rost, 2000). In der frühen Kindheit ist die Stabilität der Intelligenz im oberen Fähigkeitsbereich darüber hinaus noch zu gering, um belastbare Prognosen erstellen zu können (Rost, 2009). Nach der Übersicht von Tannenbaum (1992) korrelieren frühe Intelligenztestwerte (gemessen im Alter von 6 bzw. 8 Monaten) im oberen Fähigkeitsbereich sogar noch geringer mit späteren IQ-Werten als es für vergleichbare Altersspannen für den durchschnittlichen Intelligenzbereich aufgezeigt wurde.

Die dünne Befundlage zur Stabilität der Hochbegabung kann also dahingehend resümiert werden, dass ab dem Alter von etwa acht Jahren sowohl für den durchschnittlichen als auch für den oberen Intelligenzbereich recht hohe Stabilitäten zu verzeichnen sind, die bis zum Erwachsenenalter noch ansteigen. Bestimmte Umweltfaktoren (z.B. niedriger Berufsstatus des Haushaltsvorstandes, geringe Schulbildung der Mutter, aber auch Kinderreichtum) sind darüber hinaus als Risiken für die Stabilität der IQ-Rangreihe anzusehen (vgl. Rost, 2009). Zudem scheint die Identifikation einer Hochbegabung im Kleinkindalter aufgrund der geringen Stabilitätskennwerte besonders problematisch zu sein. Die differenzierten Analysen von Lohman und Korb (2006) führen wiederum die hohe Komplexität des Sachverhalts deutlich vor Augen, indem sie den Zusammenhang zur Korrelation der beiden Messungen einbeziehen. Demnach ist selbst bei einer enorm hohen Korrelation zweier Intelligenzmessungen von r = .95 nur für 70% der zum ersten Zeitpunkt als hochbegabt klassifizierten Personen (die besten 2%) damit zu rechnen, dass sie bei einer Wiederholungsmessung ein Jahr später ebenfalls ein so gutes Ergebnis erzielen. Liegt die Korrelation der Messungen mit r = .90 nur geringfügig darunter, reduziert sich der Prozentsatz sogar auf 58%.

3.4 Intelligenzförderung

Recherchiert man über die Internet-Suchmaschine Google nach dem Begriff „Intelligenztraining", werden 68.500 Treffer angezeigt (Stand: 16.3.2011). Über das Thema wird also offenbar im deutschen Sprachraum viel diskutiert und publiziert. Dass bei Kindern mit ungünstigen Ausgangsbedingungen (z.B. Lernbehinderung, Aufmerksamkeitsstörung) Förderversuche unternommen wurden, ist absolut nachvollziehbar. Doch waren einige Jahrzehnte der systematischen Entwicklung und Evaluation solcher Förderkonzepte vonnöten, bis zumindest moderate Effekte auf die intellektuelle Entwicklung erzielt wurden (Klauer, 2006). Wissenschaftlich fundierte – also an einer akzeptierten Theorie orientierte und nachweislich wirksame – Intelligenzförderprogramme für Personen im oberen Intelligenzbereich gibt es bis dato offenbar keine (siehe Rost, 2009). Entgegen dem in der Öffentlichkeit durch zahllose Ratgeber vermittelten Bild, wonach die Intelligenzsteigerung nur eine Frage des Übens sei, sind genau genommen keine „einfachen" Trainingsmethoden bekannt, die für mindestens durchschnittlich intelligente Personen zu nachweislich bedeutsamen und anhaltenden Effekten bezüglich der intellektuellen Fähigkeiten führen. Dabei ist die Anforderung zu stellen, dass es nicht nur zu einer Verbesserung der Testleistung kommt, sondern echte Intelligenzzuwächse müssten auf andere Bereiche – wie z. B. die Schulleistung – transferieren. Dies ist deshalb zu fordern, da zwischen Intelligenz und akademischer Leistung ein relativ enger Zusammenhang besteht, was in Kapitel 5 noch genauer dargestellt wird.

Neben den inhaltlichen Konzeptionen haben sich Dauer und Intensität der kognitiven Förderung als zentrale Stellschrauben für das Erzielen positiver Effekte erwiesen. Wie Rost (2009) zu Recht betont, wird anhaltende Förderung von hoher Intensität durch den Unterricht realisiert, und tatsächlich sind Beschulungseffekte auf die Intelligenz vielfach evident (z. B. Schneider, 2008a). Inwiefern sich für unterschiedliche Intelligenzgruppen auch differenzielle Profite der Beschulung nachweisen lassen, stellt eine bislang selten systematisch untersuchte Frage dar. Im wissenschaftlichen Kontext wird hierzu ein Schereneffekt angenommen, wonach intelligentere Schülerinnen und Schüler die positiven Lernanregungen der Umwelt schneller und effektiver verarbeiten können und daher auch stärker profitieren als weniger intelligente Klassenkameraden. Im praktischen Feld ist eher die gegenteilige Annahme vertreten, wonach Hochbegabte im regulären Unterricht unterfordert sind und deshalb auch nicht besonders profitieren. Die Ergebnisse meiner eigenen langjährigen Studien mit hochbegabten Gymnasiastinnen und Gymnasiasten veranlassen mich diesbezüglich zu einer Interpretation, die beide Annahmen gleichermaßen berücksichtigt: Hochintelligente Schülerinnen und Schüler profitieren tatsächlich im Allgemeinen stärker von den akademischen Umweltanreizen, gleichwohl schöpfen sie vermutlich ihr Potenzial bei Weitem nicht aus, sofern sie regulär beschult werden. Ohne Frage gehen auch durchschnittlich intelligente Schülerinnen und Schüler nicht ständig an ihre Leistungsgrenzen, doch ist diese Diskrepanz zwischen Anforderungen und Potenzial bei Hochbegabten vermutlich noch größer.

Fazit

Die Befunde zur Entwicklung von Intelligenzunterschieden verdeutlichen die hohe Relevanz genetischer Unterschiede; nichtsdestotrotz unterstützen sie auch die praktisch relevanten Schlussfolgerungen, wonach Umweltbedingungen v. a. im frühen Kindesalter und bei Kindern aus sozial benachteiligten Schichten ihre Wirkungen entfalten.

Für die Hochbegabungsdiagnostik ergeben sich drei wichtige Schlussfolgerungen aus den hier vorgestellten Befunden: *Erstens* ist die Intelligenzausprägung im Vorschulalter noch zu wenig stabil, um verlässliche Prognosen ableiten zu können. *Zweitens* ist auch im höheren Kindes- und Jugendalter keineswegs mit einer absoluten Übereinstimmung zweier Intelligenztestergebnisse zu rechnen. Da diese Tatsache im Widerspruch zur intuitiven Erwartung der meisten Eltern steht, wonach ein IQ-Wert ihres Kindes als Faktum lebenslang erhalten bleibt, sollten die Konsequenzen im Einzelfall sorgfältig erklärt und besprochen werden. Darüber hinaus ist dieser Einwand auch für die in Kapitel 2 geforderte Durchführung zweier Intelligenztestverfahren zur Absicherung der Hochbegabungsdiagnose relevant; für eine sinnvolle Interpretation der Ergebnisse müsste der statistische Regressionseffekt berücksichtigt werden. *Drittens* sind Intelligenztests mit veralteten Normwerten für die Hochbegabungsdiagnostik nicht geeignet, da sie zu einer Überschätzung der tatsächlichen intellektuellen Fähigkeiten führen.

4

Entwicklungsbesonderheiten Hochbegabter

Über Hochbegabte wurde in den letzten Jahrzehnten viel diskutiert und spekuliert und diese Personengruppe ist von einigen Mythen und Vorurteilen umrankt. Belebt wird diese Diskussion durch den hohen Gegensatz der auch heute noch vielfach vertretenen Positionen, die in der so genannten Harmonie- vs. Disharmonie- (oder Divergenz-) hypothese zusammengefasst werden. Vertreter der Harmoniehypothese sind von einer positiveren Entwicklung der Hochbegabten in allen Entwicklungsbereichen überzeugt. Winner (2007) ergänzt dieses Bild durch einige positiv getönten Mythen, wonach den Hochbegabten außergewöhnlich gute Leistungen sozusagen „in den Schoß" fallen und sie vor seelischer Gesundheit „strotzen". Im bundesdeutschen Raum ist hingegen die Divergenzhypothese besonders virulent, wonach Hochbegabte hinsichtlich ihrer nichtkognitiven Persönlichkeitsentwicklung negativ vom Normbereich abweichen und sich eher ungünstig entwickeln. Demnach seien Verhaltensauffälligkeiten, Lern- und Leistungsstörungen sowie soziale Inkompetenz bei Hochbegabten überproportional häufig zu finden.

Die Frage nach Entwicklungsbesonderheiten Hochbegabter wird also nach wie vor sehr strittig diskutiert und stellt ein auf den ersten Blick durchaus komplexes Themenfeld dar. Selbstverständlich nimmt sie zudem für die Frage nach Fördermöglichkeiten für Hochbegabte einen zentralen Stellenwert ein. Aus diesem Grund soll im vorliegenden Kapitel differenziert dargestellt werden, in welchen Entwicklungsbereichen sich Hochbegabte tatsächlich systematisch von Nicht-Hochbegabten unterscheiden. Auf diese Weise werden nachfolgend wichtige Grundlagen für den Hauptteil des Buches gelegt. Mögliche Entwicklungsbesonderheiten Hochbegabter werden nun für die kognitive (Abschnitt 4.1) und die nichtkognitive Entwicklung (Abschnitt 4.2) genauer behandelt. Anschließend werden potenzielle Konsequenzen einer sehr frühen Etikettierung als „hochbegabt" anhand einer US-amerikanischen Studie sowie eines Fallbeispiels aus dem Würzburger Frühstudium aufgezeigt (Abschnitt 4.3). In Abschnitt 4.4 werden die bisherigen Ausführungen zur Stabilität der Intelligenzwerte sowie zu den Entwicklungsbesonderheiten Hochbegabter hinsichtlich der Möglichkeit einer sehr frühen Indikation zusammengeführt und hinterfragt. Kapitel 4 schließt mit zusammenfassenden Schlussfolgerungen zu Entwicklungsbesonderheiten und den diagnostischen Konsequenzen ab.

4.1 Kognitive Entwicklung

Hochbegabte sind per definitionem intelligenter als Nicht-Hochbegabte, doch wie genau äußern sich diese Unterschiede hinsichtlich der kognitiven Kompetenzen? Hochbegabte verfügen über eine höhere Informationsverarbeitungsgeschwindigkeit und können daher neuen Lernstoff durchschnittlich betrachtet schneller verarbeiten (z. B. Davidson & Sternberg, 1984; Perleth, 2008). Teilweise erweisen sie sich auch hinsichtlich ihrer Gedächtnisleistungen als überlegen. Darüber hinaus weisen einige Studien darauf hin, dass Hochbegabte über mehr Wissen verfügen als Nicht-Hochbegabte (Shore & Kanevsky, 1993), was auf Basis der zuvor berichteten Vorteile in der Informationsverarbeitungsgeschwindigkeit und den Gedächtnisleistungen wenig überrascht. Die

Befundlage zur Kreativität ist wiederum etwas uneinheitlich; ob sich bessere Kreativitätsleistungen für hochbegabte Kinder und Jugendliche bestätigen lassen, scheint stark von der Operationalisierung des Kriteriums determiniert zu sein (Sparfeldt, Wirthwein & Rost, 2009).

Die hier beschriebenen kognitiven Entwicklungsbesonderheiten sind also eher quantitativer Natur. Ob damit qualitative Unterschiede der Denkvorgänge Hochintelligenter einhergehen, ist nicht einfach zu beantworten. Meiner Ansicht nach ist die Forschungslage so zu beurteilen, dass qualitative Unterschiede zwischen Hoch- und durchschnittlich Begabten nicht belegt (vgl. Rost, 2009), aber auch nicht auszuschließen sind; allerdings wären sie vermutlich als eine Folge der oben beschriebenen quantitativen Vorteile zu interpretieren. Insgesamt wird dieser Themenbereich nur wenig beforscht, was vermutlich an der engen Kopplung mit der Definition der Hochbegabung liegt, so dass sich die Untersuchungsansätze leicht als Tautologie erweisen können. Aus diesem Grund soll dieses Thema hier nicht weiter vertieft werden. Doch lohnt es sich, einen damit verwobenen Aspekt etwas genauer zu betrachten, und zwar die Frage nach der Homogenität der Gruppe der Hochbegabten. Denn auch, wenn wir zur Vereinfachung der Kommunikation pauschal über „die Hochbegabten" sprechen und schreiben, handelt es sich dabei keineswegs um eine homogene Gruppe mit einheitlichen Fähigkeiten. Augenscheinliche Homogenität wird häufig nur durch Bildung von Gruppenstatistiken hervorgebracht. Betrachtet man etwa die gemittelten Begabungsprofile von 277 Würzburger Frühstudierenden (vgl. Abbildung 6a), so ergibt sich das Bild homogener Fähigkeiten, die in allen drei erfassten Subtests (sprachliches Denken, rechnerisches Denken, anschauliches Denken) zwischen 57 und 59 T-Wertpunkten der Gymnasialnorm liegen (Erläuterungen im Anhang). *Durchschnittlich* betrachtet sind also keine besonderen Begabungsspitzen der Gruppe zu erkennen. Doch vereinen sich hierin mehrere Gruppen von Frühstudierenden, die unterschiedliche Fächer (z. B. Mathematik, Physik, Informatik, Politische Wissenschaft, Anglistik) studieren.

Betrachtet man die Begabungsprofile nach Fächergruppen getrennt, so zeigt sich eine vergleichsweise große Heterogenität der Kompetenzen zwischen den Gruppen. Frühstudierende der Mathematik erzielen erwartungsgemäß ihr bestes Ergebnis im Subtest zum quantitativen Denken (M ~ 65 T-Wertpunkte, Gymnasialnorm; vgl. Abbildung 6b),

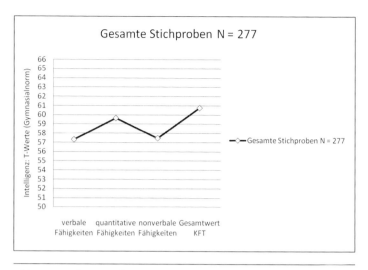

Abb. 6a: Intelligenzprofile der Würzburger Frühstudierenden über alle Studienfächer hinweg

wohingegen sie im sprachlichen Denken mit M = 57 T-Wertpunkten (Gymnasialnorm) einen deutlich geringeren Mittelwert erzielen, denn diese Diskrepanz aus etwa acht T-Wertpunkten entspricht zwölf IQ-Punkten. Die 16 Frühstudierenden der Politischen Wissenschaft erzielten hingegen ihr bestes Teilergebnis im sprachlichen Denken (M = 58 T-Wertpunkte, Gymnasialnorm; vgl. Abbildung 6c) und schnitten im anschaulichen Denken mit M = 51 T-Wertpunkten deutlich schlechter ab. Wie aus Abbildung 6b ersichtlich ist, zeigen sich relativ heterogene Profile auch für Frühstudierende der Anglistik und der Philosophie, die jeweils im sprachlichen Subtest deutlich besser abgeschnitten hatten als im rechnerischen oder anschaulichen Denken.

Auch auf individueller Ebene zeigen sich eher heterogene Begabungsprofile, und aus früheren Studien ist bekannt, dass diese im oberen Fähigkeitsbereich wahrscheinlicher sind als homogene Begabungsprofile (Preckel, 2010). Wenngleich die Veranschaulichung der Begabungsprofile der Würzburger Frühstudierenden die Existenz so genannter „Begabungsgruppen" nahe legt, konnte dies bislang empirisch nicht bestätigt werden. Im Rahmen der Münchner Hochbegabungsstudie ist beispiels-

Kognitive Entwicklung

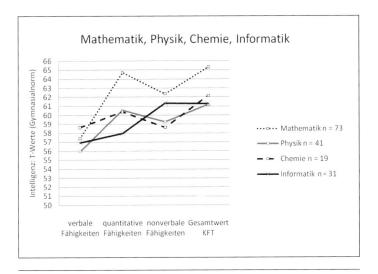

Abb. 6b: Intelligenzprofile der Würzburger Frühstudierenden der naturwissenschaftlichen Studienfächer

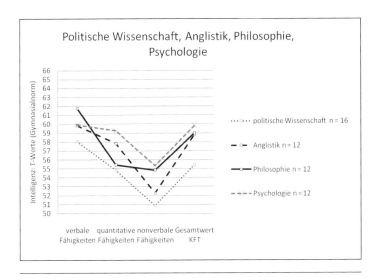

Abb. 6c: Intelligenzprofile der Würzburger Frühstudierenden der geistes- und gesellschaftswissenschaftlichen Studienfächer

weise der Versuch gescheitert, die an der Studie teilnehmenden Schülerinnen und Schüler zu zeitlich stabilen Hochbegabungsclustern zusammen zu fassen, da die Profile eher sehr individuellen Verläufen folgen (Perleth & Sierwald 2001).

Diese Ausführungen sollen dazu anregen, sich neben aller Klassifizierung und Charakterisierung immer wieder die Heterogenität der Gruppe der Hochbegabten vor Augen zu führen. Diese Heterogenität ist für die kognitive Entwicklung ebenso Fakt wie für alle anderen Entwicklungsbereiche. Im Folgenden begeben wir uns auf die Spuren nichtkognitiver Entwicklungsbesonderheiten Hochbegabter, ein Feld, das vielfach beforscht und bis heute ebenso viel diskutiert wurde.

4.2 Nichtkognitive Entwicklungsbesonderheiten

Im deutschsprachigen Raum sind noch relativ vehement negativ getönte Überzeugungen zur nichtkognitiven Entwicklung Hochbegabter vorherrschend. Besonders drastisch werden diese von Billhardt, der Gründerin des bundesweit agierenden Elternvereins Hochbegabtenförderung e.V., angeführt. Nach ihrer Darstellung weisen hochbegabte Kinder ohne spezifische Förderung Verhaltensmerkmale wie Verlust des Selbstbewusstseins, Schulversagen oder gar die Flucht in Drogen, Alkohol bis hin zur Suizidalität auf (Billhardt, 1996). Doch wie sehen die empirischen Befunde zu Persönlichkeits- und Verhaltensmerkmalen hochbegabter Kinder und Jugendlicher aus? Unterscheiden sie sich neben der Intelligenzausprägung noch hinsichtlich weiterer Persönlichkeitsmerkmalen von durchschnittlich Begabten? Geht eine sehr hohe Intelligenzausprägung tatsächlich mit Schwächen in anderen Persönlichkeitsbereichen einher?

Bereits Terman (1926, 1959) ging in seinen aufwändigen Studien dieser Frage nach und strebte an, Evidenz gegen diese „Divergenzhypothese" der Entwicklung Hochbegabter zu finden. Dabei konzentrierte er sich noch vorwiegend auf die Messung biologischer Merkmale wie Körpergröße, Gewicht und Schlafverhalten, denn die psychometrische Messung steckte damals noch in den Kinderschuhen. Nach den Ergebnissen der „Genetic Studies of Genius" (Terman, 1926, 1959) wiesen die Hochbegabten eine günstigere körperliche Entwicklung als die Gruppe nichthochbegabter Kinder, was jedoch vermutlich nicht durch IQ-Unterschiede, sondern durch Schichtunterschiede zwischen den beiden Gruppen verursacht war. Terman schlussfolgerte aus seinen Befunden, dass hochbegabte Kinder auch ihre nichtkognitive Entwicklung akzeleriert durchlaufen und teilweise mit neun Jahren bereits den Entwicklungsstand von 14-jährigen durchschnittlich intelligenten Jugendlichen erreichen. Zwar zählt die Terman-Studie nach wie vor zu den bekanntesten Untersuchungen zum Thema Hochbegabung, doch wurde sie für einige methodische Ungereimtheiten kritisiert. Beispielsweise wurden die vermutlich hochbegabten Kinder von Lehrkräften vorgeschlagen und anschließend einer psychometrischen Intelligenztestung unterzogen. Daraus resultieren Verzerrungen in der Hochbegabtenpopulation, denn – wie bereits ausgeführt – Lehrkräfte orientieren sich zur Identifikation Hochbegabter stark am Leistungsniveau ihrer Schülerinnen und Schüler (vgl. Kapitel 2.3). Doch auch die Befunde zahlreicher weiterer Studien, Reviews und Metaanalysen vermitteln das Bild, wonach sich hochbegabte Kinder nicht (Killion, 1983) oder nur teilweise von gleichaltrigen, weniger intelligenten Kindern und Jugendlichen unterscheiden und diese wenigen Unterschiede eher *zugunsten* der Hochbegabten ausfallen. Genau gesagt, sind Hochbegabte psychosozial nicht schlechter angepasst, haben weniger psychologische Probleme und weisen geringere Angstwerte auf als durchschnittlich Begabte (Ackerman & Heggestad, 1997; Freeman, 1983, 2001; Neihart, 1998; Olszewski-Kubilius, Kulieke & Krasney, 1988; Rost & Czeschlik, 1990; Roznowski, Reith & Hong, 2000; Titze, 1989). In einigen Studien wird den Hochbegabten verglichen mit Gleichaltrigen ohne Hochbegabung eine stärkere Aufgabenorientierung attestiert (Gross, 1997) und sie zeigen sich stärker intrinsisch als extrinsisch für die Aufgabenbearbeitung motiviert (Gottfried, Gottfried, Bathurst & Guerin, 1994; Kanevsky, 1994). Bezüglich der Depressionswerte und Suizidalität zeigten sich ebenfalls insgesamt kaum systematische Unterschiede zwischen Hoch- und durchschnittlich Begabten, die – sofern sie bestätigt wurden – zugunsten der Hochbegabten ausfielen (Neihart, 1998).

Auch die durch Eltern und Lehrkräfte im Rahmen des Marburger Hochbegabtenprojekts vorgenommene Fremdbeurteilung unterschied sich im Wesentlichen nur hinsichtlich der kognitiven Leistungsfähigkeit, die für hochbegabte Kinder erwartungsgemäß höher eingeschätzt wurde als für durchschnittlich begabte Gleichaltrige (Rost, 1993). Dieser Trend konnte in derselben Studie im Jugendalter bestätigt werden, denn auch hier schnitten die Hochbegabten in leistungsnahen Variablen besser ab (z. B. schulischer Ehrgeiz) als die durchschnittlich intelligente Vergleichsgruppe, wohingegen in leistungsfernen Persönlichkeitsbereichen keine bedeutsamen Unterschiede bestätigt wurden (Freund-Braier, 2000). Dass auch diese Unterschiede nicht direkt auf das höhere kognitive Potenzial zurückgeführt werden können, zeigen weiterführende Analysen, denn teilweise nivellierten sich diese wenigen Gruppenunterschiede sogar durch die Kontrolle des Leistungsniveaus der Schülerinnen und Schüler.

Das vermutlich hartnäckigste Vorurteil beinhaltet die Überzeugung, hochbegabte Kinder würden ohne spezielle Förderung keine adäquaten Lern- und Arbeitsstrategien entwickeln, da sie zur Bewältigung der regulären schulischen Anforderungen nicht auf solche angewiesen seien. Im weiteren Verlauf entwickle sich das für sie zu einem Bumerang, da sie bei steigenden Anforderungen – exemplarisch im Studium – nicht auf ausreichend entwickelte und automatisierte Lern- und Arbeitsstrategien zugreifen können (vgl. z. B. Billhardt, 2006; Fischer, 2008; Horsch, Müller & Spicher, 2005; Wittmann & Holling, 2004). Solche Defizite in der Lern- und Arbeitsorganisation wurden bislang jedoch nicht überzeugend empirisch belegt. Interessanter Weise erzielten die Schülerinnen und Schüler der im Münchner Hochbegabungsprojekt untersuchten, akzelerierten Begabtenklassen in der 10. Jahrgangsstufe niedrigere Werte in den Variablen Arbeitsorganisation und Motivationskontrolle als durchschnittlich Begabte (Heller, 2002; Perleth & Sierwald, 2001). Sind das also Defizite, die sich erst im Verlauf der Sekundarstufe 1 ausbilden? In einer eigenen Studie haben wir homogene Begabtenklassen des Deutschhaus-Gymnasiums Würzburgs über die gesamte Sekundarstufe 1 wissenschaftlich begleitet. Zu unserer Überraschung zeigten sich zu Beginn der 5. Jahrgangsstufe tatsächlich auf den ersten Blick deutlich ungünstigere Ausprägungen der in Begabtenklassen unterrichteten Schülerinnen und Schüler im Vergleich zu regulären Gymnasiasten hinsichtlich der Lern- und Arbeitshaltung sowie einiger motivationaler Faktoren (vgl. Stumpf, 2011; Stumpf & Schneider, 2009a). Obwohl die

Schülerinnen und Schüler der Begabtenklassen den regulären Gymnasiasten intellektuell überlegen waren, konnten die oben beschriebenen Unterschiede in den nichtkognitiven Entwicklungsbereichen eindeutig *nicht* auf die Intelligenzunterschiede zurückgeführt werden. Vielmehr waren in die Begabtenklassen bevorzugt solche Kinder aufgenommen worden, die – unabhängig vom IQ – Probleme mit der Lern- und Arbeitsorganisation hatten; von den an der Schule vorgestellten Kindern hatten dann nur diejenigen eine Chance zur Aufnahme in die Begabtenklassen, die das schulinterne IQ-Kriterium erfüllten und auch die anderen Bausteine des Auswahlverfahrens erfolgreich durchliefen (Stumpf, 2011). Solche Defizite in der Lern- und Arbeitsorganisation sind damit für hochbegabte Kinder und Jugendliche nicht auszuschließen, aber offenbar auch nicht häufiger anzutreffen als bei durchschnittlich Begabten.

Bezüglich des *allgemeinen Selbstkonzepts* zeigen sich in der Regel keine systematischen Unterschiede zwischen Kindern und Jugendlichen mit vs. ohne Hochbegabung; solche Unterschiede wurden indes für unterschiedliche Leistungsgruppierungen aufgezeigt, wobei Studierende mit unterdurchschnittlichen Leistungen eine ungünstigere Selbsteinschätzung aufwiesen als Studierende mit mindestens durchschnittlichen Leistungen (Haynes, Hamilton-Lee & Comer, 1988). Allerdings sind deutliche Zusammenhänge zwischen dem Begabungsniveau und dem *akademischen* Selbstkonzept evident. Unter akademischem Selbstkonzept ist die Gesamtheit kognitiver Repräsentationen der eigenen Fähigkeiten zu verstehen – kurz gesagt also in etwa die eigenen Überzeugungen zu den eigenen akademischen Fähigkeiten. Diesbezüglich schätzen sich hochbegabte Kinder, Jugendliche und junge Erwachsene deutlich positiver ein als durchschnittlich Begabte (Rost, 2000, 2004; Rost & Hanses, 1994). Teilweise fallen die Befunde zum akademischen Selbstkonzept Hochbegabter uneinheitlich aus, was nicht alleine durch Einflüsse der Platzierung erklärt werden kann (Neihart, 1998). Das als „Big-Fish-Little-Pond-Effekt" bekannt gewordene Phänomen ist dennoch hinlänglich gut belegt: Die Platzierung eines Schülers bzw. einer Schülerin in einer leistungsstarken Klasse wirkt sich nachteilig auf dessen Selbsteinschätzung der eigenen Fähigkeiten aus, da diese an den Fähigkeiten der Bezugsgruppe relativiert wird (vgl. Köller, 2004; Preckel, 2008). Der Zusammenhang von Intelligenz und Selbstkonzept wird also offenbar durch die erbrachten Leistungen moderiert. Die relevante Bezugsgruppe, in der Regel die Schulklasse, stellt einen Bezugsrahmen für die Selbstbeurteilung der eigenen schulischen Fähigkeiten dar, die über indirekte soziale Vergleichsprozesse beeinflusst wird. Der Bezugsgruppeneffekt kann teilweise den globaleren Begabungseffekt in der Selbsteinschätzung eigener Fähigkeiten überlagern. So ist zu erklären, dass Schülerinnen und Schüler am Gymnasium trotz höherer Intelligenz nicht unbedingt über ein positiveres akademisches Selbstkonzept verfügen als gleichaltrige Hautpschülerinnen und -schüler. Dasselbe gilt für Schülerinnen und Schüler, die so genannte gymnasiale Begabtenklassen besuchen; sie relativieren ihre eigenen Fähigkeiten am hohen Leistungsniveau ihrer Klassenkameraden und kommen so häufig zu einer vergleichbaren Ausprägung des akademischen Selbstkonzepts wie regulär beschulte Gymnasiasten, obwohl sie diese im intellektuellen Niveau deutlich übertreffen (vgl. Stumpf, 2011; Stumpf & Schneider, 2009a).

Etwas uneinheitliche Befunde werden für die soziale Kompetenz Hochbegabter berichtet, deren Entwicklung offensichtlich von der Domäne und dem Ausmaß der Begabung sowie weiterer Persönlichkeitsmerkmale moderiert wird (Neihart, 1998). Hier sprechen die Befunde für eine große Heterogenität innerhalb der Gruppe der Hochbegabten. Im Marburger Hochbegabtenprojekt erwiesen sich die hochbegabten Jugendlichen als etwas weniger kontaktfreudig und hatten etwas seltener Kontakt zu ihren Freunden als durchschnittlich Begabte (Schilling, 2000). Außerdem schätzten sie ihre Beliebtheit bei Gleichaltrigen etwas geringer ein als durchschnittlich intelligente Schülerinnen und Schüler (Rost & Hanses, 2000). Insgesamt wurden aber keine Hinweise auf soziale Auffälligkeiten der Hochbegabten gefunden, und Hochbegabte erwiesen sich genauso einer Clique zugehörig wie die Jugendlichen der Vergleichsgruppe. Die Lehrkräfte beurteilten die soziale Integration hochbegabter Schülerinnen und Schüler sogar positiver als für die durchschnittlich intelligente Vergleichsgruppe (Schilling, 2000).

Wiederholt wurden Unterschiede in den Interessen berichtet, und dann werden Hochbegabten stärkere Interessen an naturwissenschaftlichen bzw. technischen Inhaltsbereichen attestiert (z. B. Schlichting, 1968; Terman, 1926). Solche Studien rekurrierten genau betrachtet auf vorselektierte Stichproben, was die Generalisierung dieser Befunde in

Frage stellt (siehe dazu Pruisken, 2004). Aktuellere Studien sprechen dafür, dass sich die Interessen auch heute noch stärker geschlechtsspezifisch als begabungsspezifisch entwickeln (Pruisken, 2004; Pruisken & Rost, 2005; Rost & Hoberg, 1998). Im Marburger Hochbegabtenprojekt unterschied sich die Interessenvielfalt hochbegabter Jugendlicher nicht von der durchschnittlich intelligenter Jugendlicher; für beide Gruppen lag die Interessenpriorität bei einer konsum-, medien- und vergnügungsorientierten Freizeitgestaltung, wenngleich diese Interessenintensität bei Hochbegabten etwas geringer ausgeprägt war als bei der Vergleichsgruppe. Insgesamt wurden nichtsdestotrotz wenige systematische Unterschiede in der Interessenintensität hoch- vs. durchschnittlich intelligenter Jugendlicher gefunden, lediglich im Interesse an Musik unterschieden sich die Gruppen bedeutsam zugunsten der Hochbegabten (Rost & Hoberg, 1998; Sparfeldt, 2006).

Hinsichtlich der beruflichen Interessen tendierten hochbegabte Jugendliche etwas stärker zu intellektuell-forschenden Tätigkeiten als durchschnittlich Begabte, in weiteren beruflich relevanten Interessensbereichen unterschieden sich die Gruppen wiederum nicht (Sparfeldt, 2006). Weiterhin zeigen sich für Hochbegabte vergleichbare Geschlechtereffekte bezüglich der beruflichen Orientierung wie für durchschnittlich Begabte: Mathematisch hochbegabte Mädchen entscheiden sich zwar häufig für ein naturwissenschaftliches Studium, jedoch bevorzugen sie hier die organischen Wissenschaften (z. B. Biologie, Medizin), während sich vergleichbar begabte Jungen häufiger für anorganische Wissenschaften (z. B. Physik) entscheiden (Lubinski & Benbow, 1994). Entgegen der weit verbreiteten Divergenzhypothese war die Kongruenz der beruflichen Interessen und der Studienfachwahl bei Hochbegabten im Marburger Hochbegabtenprojekt insgesamt sogar etwas höher ausgeprägt als bei durchschnittlich Begabten (Sparfeldt, 2006).

Deutliche Auffälligkeiten in der Persönlichkeit hochbegabter Kinder wurden für die Gruppe der hochbegabten Underachiever belegt. Dieser Begriff hat sich zur Bezeichnung der Subpopulation hochbegabter Kinder durchgesetzt, die nur unterdurchschnittliche Leistungen erzielen. Da hier die Diskrepanz aus Fähigkeit und Leistung zentral ist, wird das Thema Underachievement in Kapitel 5 ausführlicher behandelt.

Einige Autoren verweisen auf eine Häufung von Entwicklungsauffälligkeiten bei besonders Hochbegabten, deren IQ über 160 oder gar über 180 liegt (Dauber & Benbow, 1990, zitiert nach Neihart, 1998; Gross 2002). Doch werden diese Befunde nicht durch ein „typisches" Entwicklungsrisiko der sehr hohen intellektuellen Begabung, sondern als Konsequenz ungeeigneter gesellschaftlicher Voraussetzungen und Reaktionen des Umfeldes erklärt (Gross, 2002). Darüber hinaus sind diese Ergebnisse aufgrund der unterschiedlichen Intelligenztest-Skalierungen und der geringen Prävalenz (s. Anhang) dieser außergewöhnlich Hochbegabten sehr vorsichtig zu interpretieren. In der Regel liegen diesen Studien extrem geringe Stichproben oder gar Einzelfallstudien zugrunde – ein IQ von 180 ist genau gesagt nur bei einer Person von etwa einer Million zu erwarten – und eine Generalisierung der Ergebnisse ist daher nicht zulässig.

4.3 Etikettierung

Eltern hochbegabter Kinder stehen manchmal in dem Ruf, sich mit der Diagnose ihres Kindes zu schmücken. Zweifellos bringt auch eine Hochbegabungsdiagnose in der Familie bestimmte Prozesse in Gang, die nicht umkehrbar sind – selbst wenn sie sich später als Fehldiagnose erweisen sollte. Damit einhergehen häufig bestimmte Erwartungen an die Leistungen des Kindes. Misserfolge im Leistungsbereich werden dann tendenziell auf „Faulheit" zurückgeführt oder die Ursachen des Versagens werden auf die Schule (schlechter Unterricht, nichtadäquate Anforderungen usw.) attribuiert. Auch das Selbstbild des Kindes wird durch die Hochbegabungsdiagnose maßgeblich beeinflusst. Ich erinnere mich sehr gut an einen jungen Mann, der sich im Alter von 16 Jahren für die Teilnahme an unserem Frühstudium bewarb – nennen wir ihn für nachfolgendes Fallbeispiel Martin (zum Frühstudium s. Abschnitt 6.4). Die meisten Bewerbungen für das Frühstudium gehen von regulär beschulten und sehr leistungsstarken Jugendlichen ein, die bereits über sehr konkrete Vorstellungen über das gewünschte Studienfach verfügen. Nicht selten beeindrucken sie mit ihren fachspezifischen Vorkenntnissen, die das Niveau regulärer Erstsemester häufig bei Weitem übertreffen. Typisch ist für sie die hohe Begeisterung für ein bestimmtes Studienfach, die sie im Rahmen des Frühstudiums ausleben möchten. Martin hingegen erwies sich im Aufnahmeverfahren in vielerlei Hinsicht als untypischer Bewerber. Im Unterschied zu den meisten anderen hatte er zuvor bereits dreimal an Intelligenztestungen teilgenommen und seit der 1. Jahrgangsstufe eine Hochbegabungsdiagnose. Die Schullaufbahn verlief von Anfang an etwas problematisch, was von der Familie mit einer mangelnden Passung des regulären Schulsystems mit Martins hohen Fähigkeiten erklärt wurde. Das hatte letztendlich auch dazu beigetragen, dass Martin seit der 5. Jahrgangsstufe eine homogene Begabtenklasse (siehe hierzu Abschnitt 6.5) besuchte. Von dort wurde den Schülerinnen und Schülern ab der 10. Jahrgangsstufe das Frühstudium als eine Fördermöglichkeit unter vielen offeriert. Martin bewarb sich für das Frühstudium in Chemie, seine Zeugnisnoten lagen mit einem Durchschnitt von 3.2 fast eineinhalb Notenstufen unter dem sonst üblichen Notendurchschnitt der Bewerber ($M = 1.8$). In den meisten naturwissenschaftlichen Fächern wies Martins Zeugnis eine 3 auf, wohingegen er in Englisch und Latein sogar nur eine 4 erzielt hatte. Im Aufnahmegespräch zeigte Martin sich als selbstbewusster junger Mann, dessen Ausführungen zur Motivation für das Frühstudium jedoch sehr vage blieben („Chemie macht mir einfach Spaß"). Zu den vergleichsweise schlechten Schulleistungen befragt, gab er an, er sei im Unterricht – trotz des besonderen Förderzweigs – unterfordert und könne seinen Leistungsstand in sämtlichen Fächern jederzeit beliebig verbessern. Gleichzeitig wurde deutlich, dass er mit seinem Leistungsstand durchaus zufrieden war und keinen Anlass sah, diesen zu steigern. Den Hinweis unsererseits, wonach das Studium der Chemie u. a. gute Englischkenntnisse erfordert, tat er mit der Erklärung ab, sein Englisch sei sehr gut, er sei nur nicht motiviert, das in den Leistungsprüfungen zu zeigen. Auch Martins Eltern erklärten seine Leistungen mit seiner anhaltenden Unterforderungen im Schulsystem und dem Mangel an „wirklich reizvollen" Herausforderungen.

Wir haben Martin damals trotz seiner selbstbewussten Haltung nicht zum Frühstudium aufgenommen, ihm aber in Aussicht gestellt, ein Semester später zu beginnen, sofern ihm bis dahin die Verbesserung seines schulischen Leistungsstands in bestimmten Fächern und die Konkretisierung seiner Motivation für das Frühstudium gelänge. Diese Ablehnung wollte Martin nicht auf Anhieb akzeptieren und er insistierte auf seinen sehr guten Intelligenztestergebnissen und seiner unzureichenden kognitiven Auslastung. Aufgrund früherer Erfahrungen mit so genannten Underachievern im Frühstudium blieben wir bei unserem Angebot an ihn. Trotz seines Beharrens auf dem Wunsch, das Frühstudium zu beginnen, sowie der Überzeugung, seinen schulischen Leistungsstand quasi beliebig beeinflussen zu können, bewarb er sich später nicht wieder für die Teilnahme am Frühstudium.

An diesem Beispiel soll deutlich werden, zu welchen langfristigen Verläufen eine frühe Hochbegabungsdiagnose beitragen kann – aber zweifelsfrei keinesfalls muss. Auch wenn Martins extrem hohe Überzeugung seiner Fähigkeiten in gewisser Weise natürlich einen wahren Kern besitzt, erweist es sich doch langfristig als kontraproduktiv, Misserfolge ausschließlich externalen Faktoren (z. B. dem Schulsystem) zuzuschreiben. Martin war zwar ein untypischer Bewerber für das Frühstudium, doch begegnen uns in der Beratungsarbeit immer wieder Jugendliche mit ähnlichen Karrieren – überwiegend junge Männer. Nach meiner Erfahrung sind diese Jugendlichen meist trotz ihrer hohen intellektuellen Kompetenzen keineswegs in der Lage, ihren schulischen Leistungsstand nach Belieben zu modifizieren. In einigen Fächern sind die Wissenslücken am Ende der Sekundarstufe 1 so groß, dass sie nur durch viel Fleißarbeit zu schließen wären, die sich in der Regel nicht mit dem Selbstbild dieser Jugendlichen verträgt. In anderen Fällen tun sie sich tatsächlich schwer, überhaupt strukturiert zu lernen oder auch nur andere Aktivitäten so weit zu reduzieren, dass ausreichend Zeit für ein intensives Aufarbeiten versäumten Lernstoffs bleibt. Vor einem Selbstbild eines quasi genialen Kerls, der seit Jahren gewohnt ist, schlechte Leistungen auf mangelnde Herausforderungen zu schieben, wird diese Problematik möglicher Weise etwas einsichtig. Häufig kommt in diesen Fällen noch eine vergleichsweise geringe Wertigkeit des Erbringens von Leistungen hinzu, da gelernt wurde, sich grundsätzlich sehr viel zuzutrauen; in diesem Kontext verliert die erbrachte Leistung den Informationsgehalt über die eigene Tüchtigkeit und damit ihren Stellenwert für das eigene Selbst. Natürlich kann man zur Leistungsorientierung sehr unterschiedlicher Ansicht sein, doch muss man sich vor Augen führen, dass spätestens nach Ende der Schullaufbahn der weitere Werdegang maßgeblich von den erzielten Leistungen abhängig ist. Längst haben die gesellschaftlichen Entwicklungen die Zeiten überholt, in denen die

Abiturnote nur für wenige zulassungsbeschränkte Studienfächer (Medizin, Psychologie, Biologie) maßgeblich ist. Sogar bei der Vergabe von Praktikumsplätzen und noch stärker bei der Besetzung von Berufsausbildungs- und Studienplätzen spielen die Zensuren eine wesentliche, oft eine entscheidende Rolle.

Freeman (2010) führte eine Längsschnittstudie durch, um die Konsequenzen einer Etikettierung als „hochbegabt" zu untersuchen. Als hochbegabt etikettierte Kinder hatten in dieser Studie häufiger emotionale Probleme als vergleichbar intelligente Kinder, die nicht als hochbegabt identifiziert waren. Auch wenn hier die Kausalitätsrichtung keineswegs geklärt ist – denn es ist absolut plausibel, dass Eltern bevorzugt dann eine diagnostische Abklärung in Auftrag geben, wenn Probleme in der Entwicklung ihrer Kinder auftreten –, unterstreichen sie doch die Brisanz eines verantwortungsbewussten Umgangs mit den ermittelten Intelligenztestergebnissen.

4.4 Frühe Indikatoren einer Hochbegabung

In Kapitel 3 wurde erläutert, dass eine frühe Intelligenzdiagnostik aufgrund der geringen Stabilität der Intelligenzkennwerte wenig aussagekräftig ist. Daher drängt umso stärker die Suche nach alternativen Identifikationsmerkmalen in den Vordergrund. In Abschnitt 4.2 zeigte sich überzeugend, dass es insgesamt wenige systematische Unterschiede zwischen hoch- und durchschnittlich intelligenten Personen gibt, die zur Identifikation heran gezogen werden könnten. Wie oben bereits erläutert (vgl. 2.3), sind subjektive Einschätzungen von Eltern darüber hinaus zwar leicht verfügbar, aber stark fehleranfällig. Ebenfalls erwähnt wurde die geringe Eignung weit verbreiteter Checklisten zur Einschätzung der Entwicklung jüngerer Kinder für die Hochbegabungsdiagnose.

Im Bestreben, hochbegabte Kinder möglichst früh identifizieren zu können, werden vielfach so genannte „typische" Persönlichkeits- und Verhaltensmerkmale für eine Hochbegabung aufgeführt. Semi- bzw. unprofessionelle Beratungsdienste verbreiten im Internet Listen mit vermeintlichen Kennzeichen für eine Hochbegabung, in denen womöglich zuerst nach einem verringertem Schlafbedürfnis, geringer sportlicher Aktivität und hoher Lärmempfindlichkeit gefragt wird, bevor Bereiche der kognitiven Entwicklung thematisiert werden. Es scheint wichtig zu betonen, dass solche Eigenschaftslisten empirisch keineswegs bestätigt und daher zumindest irreführend, wenn nicht sogar als unseriös anzusehen sind. Tatsächlich ist es bis heute nicht überzeugend gelungen, bestimmte frühe Merkmale in Entwicklung und Verhalten von Kindern als gute Prädiktoren für eine spätere Hochbegabung zu identifizieren. Nach Perleth, Schatz und Mönks (2000) gibt es lediglich für zwei Entwicklungsbereiche gewisse Bezüge zu einer späteren Hochbegabung: ein stark ausgeprägtes Neugier- bzw. Explorationsverhalten sowie der außergewöhnlich frühe Spracherwerb. Auch die Befunde des so genannten „Kansas Early Cognition Project" sprechen für eine frühe Überlegenheit später hochbegabter Kinder hinsichtlich der Sprachentwicklung (Colombo, Shaddy, Blaga, Anderson & Kannass, 2009). Für weitere Verhaltensmerkmale im frühen Kindesalter existiert – entgegen vielfacher Beschreibungen – *kein* systematischer Zusammenhang zur Hochbegabung, wie etwa für ein geringes Schlafbedürfnis oder auch das Frühlesen (Perleth et al., 1993, 2000). Auch für das Neugierverhalten und den frühen Spracherwerb können keine quantitativen Grenzen festgelegt werden, so dass auch sie nicht wirklich als frühe diagnostische Kriterien für eine Hochbegabung herangezogen werden können. Die hohe Plastizität der frühen sprachlichen und motorischen Entwicklung schränkt die Aussagekraft dieser Indikatoren zusätzlich ein.

Fazit

Systematische Unterschiede zwischen Personen mit vs. ohne Hochbegabung sind – wenig überraschend – bevorzugt für die kognitive Entwicklung evident. Hochbegabte Personen können Informationen schneller verarbeiten, erzielen bessere Gedächtnisleistungen und verfügen meist auch über mehr Wissen als nichthochbegabte Gleichaltrige. Entgegen der im deutschsprachigen Raum weit verbreiteten Disharmoniehypothese sind hinsichtlich der nichtkognitiven Entwicklung nur wenige systematische Unterschiede zwischen den beiden Gruppen belegt; diese betreffen vornehmlich den leistungsassoziierten Bereich (z. B. schulischer Ehrgeiz, schulisches Selbstkonzept) und fallen *zugunsten* der Hochbegabten aus. Robinson (2004) konstatiert, die psychosoziale Reife hochbegabter Kinder und Jugendlicher entwickle sich eher analog zum mentalen Alter als zum Lebensalter. Im Großen und Ganzen können die Ergebnisse dahingehend resümiert werden, dass es nur wenige systematische Unterschiede zwischen den beiden Personengruppen gibt, und sich Hochbegabte durchschnittlich gesehen durch eine etwas stabilere Persönlichkeitsentwicklung auszeichnen. Der Fokus sollte gewiss etwas von den Unterschieden abgelenkt werden, da sich in den meisten untersuchten Entwicklungsbereichen *keine* Unterschiede zwischen hoch- und durchschnittlich Begabten nachweisen lassen – die Gemeinsamkeiten der beiden Gruppen überwiegen bei Weitem.

Die Häufung von Entwicklungsstörungen oder -auffälligkeiten bei Hochbegabten ist allgemein nicht belegt und nach dem umfangreichen Forschungsstand zu urteilen eher unwahrscheinlich. Dies gilt auch für Personen mit weit überdurchschnittlich hoher Intelligenz (z. B. IQ > 160). Vielmehr ist zu beobachten, dass Medien bevorzugt über besonders beeindruckende Einzelfälle berichten und sich nur wenig für Berichterstattung über „ganz normale" Hochbegabte interessieren. Dies musste ich wiederholt feststellen, wenn Anfragen von Journalisten an mich gestellt wurden, die über das Thema Hochbegabung allgemein oder eines meiner Projekte berichten wollten. Meist ist damit das Anliegen verbunden, ein oder zwei Hochbegabte zu porträtieren – und zwar ausdrücklich solche, die entweder extrem außergewöhnlich gute Leistungen (z. B. im Frühstudium) erzielt haben oder deren Entwicklung in der einen oder anderen Hinsicht als besonders gestört anzusehen ist. Gut angepasste hochbegabte Schülerinnen und Schüler, die erfolgreich, aber wenig spektakulär ihre Begabungen nutzen, interessieren die meisten Journalisten nur randläufig. Das über die Medien transportierte Bild der

Hochbegabung verzerrt daher die Realität sehr stark in Richtung der Extrembereiche und trägt auf diese Weise zweifellos zur Aufrechterhaltung der vielen Vorurteile bei.

Der fehlende Zusammenhang von Hochbegabung und Entwicklungsauffälligkeiten wird indirekt auch durch die Analyse der Beratungsanlässe von Begabungspsychologischen Beratungsstellen deutlich. Dazu muss zuerst betont werden, dass sich nur etwa ein Drittel der in Begabungspsychologischen Beratungsstellen vorgestellten Kinder und Jugendlichen tatsächlich als hochbegabt erweisen (Preckel & Eckelmann, 2008). Vergleicht man nun die Beratungsanlässe der Familien, so suchen diejenigen mit tatsächlich hochbegabten Kindern häufiger eine diagnostische Abklärung der intellektuellen Kompetenzen, Informationen zu geeigneten Fördermöglichkeiten und zum Umgang mit Unterforderung und Langeweile in der Schule. Darüber hinaus spielen für Familien mit hochbegabten Kindern häufiger Fragen zum Überspringen und zu Motivationsproblemen eine Rolle, wohingegen bei Familien mit nichthochbegabten Kindern eher Leistungsprobleme und allgemeine Erziehungsfragen im Vordergrund stehen.

Aus der Längsschnittstudie von Freeman (2010) sowie den eigenen Erfahrungen aus Forschung, Förderung und Beratung zum Thema Hochbegabung lassen sich Indizien für *potenziell* ungünstige Auswirkungen einer sehr frühen Hochbegabungsdiagnose ableiten. Möglicher Weise stellt die Kombination einer frühen Hochbegabungsdiagnose mit einer Tendenz zur Anstrengungsvermeidung beim Kind und die vornehmlich externale Misserfolgsattribution innerhalb der Familie eine Konstellation dar, die eine ungünstige Entwicklung der Leistungshaltung befördert. Aus diesem Grund sollte in jedem Einzelfall und insbesondere bei sehr jungen Kindern sorgfältig abgewogen werden, ob eine Testdiagnostik erforderlich ist und wie die Ergebnisse verwendet werden. In der Beratungsarbeit kann der Hinweis hilfreich sein, dass das hohe Potenzial alleine nur Bedeutung erhält, wenn es entsprechend genutzt wird. Sofern im Rahmen von Studien oder

Förderprogrammen Intelligenztests durchgeführt werden, ist es nicht zwingend erforderlich, die Ergebnisse auch rückzumelden. Exemplarisch sei hier auf die Marburger Hochbegabtenstudie verwiesen, in der die Probanden korrekter Weise nicht über ihr Intelligenztestergebnis informiert wurden. Genauso handhaben wir es mit unseren Frühstudierenden, die im Zuge des Auswahlverfahrens einen Intelligenztest bearbeiten. Sie werden nach Durchlaufen des gesamten Prozesses über die Aufnahmeentscheidung und ggf. über Gründe für eine Ablehnung informiert; die genaue Rückmeldung des IQ-Wertes ist dafür nicht erforderlich.

Nachdem nun die zentralen Grundlagen zum Hochbegabungskonstrukt sowie zur Entwicklung von Hochbegabung und Hochbegabter gelegt wurden, wird im nachfolgenden Kapitel 5 der Zusammenhang von Hochbegabung und Leistung genauer betrachtet. Da das Thema Hochbegabung vorwiegend im Kontext mit schulisch-akademischen Leistungen diskutiert wird und darüber hinaus Förderprogramme für Hochbegabte vorwiegend im Leistungssektor verortet sind, kommt diesem Aspekt wiederum ein zentraler Stellenwert zu.

5

Intelligenz und Leistung

Auch die Leistungsentwicklung Hochbegabter wird weitgehend kontrovers dargestellt und beurteilt. So war der weltbekannte Hochbegabungsforscher Terman zu Beginn seiner Forschungstätigkeiten stark davon überzeugt, dass Hochbegabte quasi automatisch ausgezeichnete Leistungen erzielen. Seine Hoffnung, in seiner umfangreichen Studie mit insgesamt 1500 Schülerinnen und Schülern einige spätere Nobelpreisträger identifiziert zu haben, hat sich indes nicht erfüllt (vgl. Schneider & Stumpf, 2005). Auch heute noch leiten manche Pädagogen oder Eltern aus der Hochbegabung ihrer Schülerinnen und Schüler bzw. Kinder ab, sie könnten quasi jede gewünschte Leistung ohne besonderen Aufwand abrufen, wenn sie angemessen motiviert sind. Konträr dazu fällt die Beschreibung anderer Pädagogen oder Elternvertreter aus, die vom überproportionalen Leistungsversagen Hochbegabter ausgehen (Billhardt, 1996). Die folgenden Ausführungen werden aufzeigen, dass beide Extrempositionen nicht aufrechterhalten werden können. Dazu wird die Befundlage zweier Forschungsstränge zusammenfassend dargestellt, die sich mit der Erklärung von Hochleistungen befassen. Während die *Begabungsforschung* (s. Abschnitt 5.1) versucht, spätere Leistungen möglichst gut aus Fähigkeitsunterschieden zu erklären (also auf die prädiktive Validität der Performanz abzielt), setzt die *Expertiseforschung* (s. Abschnitt 5.2) stärker bei außergewöhnlicher Leistung im fortgeschrittenen Alter an und stellt die Relevanz von Übung und Wissensaneignung in den Vordergrund. Meist ist die Begabungsforschung prospektiver Natur, wohingegen in der Expertiseforschung i. d. R. außergewöhnliche Spitzenleistungen über retrospektive Analysen erklärt werden. Darüber hinaus werden in der Begabungsforschung stärker die allgemeinen kognitiven Fähigkeiten betrachtet, wohingegen Expertise bereichsspezifisch definiert wird (vgl. 5.2).

Beide Forschungsstränge können wertvolle Hinweise auf das komplexe Zusammenspiel von Begabung und Leistung über die Lebensspanne bieten, wobei für das Thema Hochbegabung und Leistung den Erkenntnissen der Intelligenzforschung die größte Bedeutung zukommt. In Abschnitt 5.3 wird mit dem Schwellenwertmodell ein Versuch der Synthetisierung beider Forschungsrichtungen vorgestellt und anhand einiger aktueller Studienergebnisse diskutiert. Anschließend werden relevante Befunde zur Diskrepanz aus Begabung und Leistung ergänzend thematisiert (Abschnitt 5.4). Wie zuvor für das Thema der Entwicklung von Intelligenzunterschieden bereits erläutert (vgl. Abschnitt 3.1), handelt es sich auch in Kapitel 5 um die Erklärung von Varianzanteilen bzw. um die Aufklärung der Leistungsunterschiede in der Population.

5.1 Erkenntnisse aus der Intelligenzforschung

Der Zusammenhang von Intelligenz und akademischer Leistung zählt vermutlich zu den am besten untersuchten Bereichen der Pädagogischen Psychologie. Die Fülle vorliegender nationaler und internationaler Forschungsbefunde wurde darüber hinaus inzwischen durch Metaanalysen (Erläuterungen dazu im Anhang) systematisch zusammengefasst, so dass nachfolgende Befunde als Resultate dieser langjährigen Forschungen von außergewöhnlich hoher Substanz anzusehen sind. Fasst man diese umfangreiche Forschungslage zusammen, so zeigen sich Zusammenhänge zwischen allgemeiner Intelligenz und Schulleistungen von durchschnittlich etwa r = .50 bis r = .70 (Helmke, Rindermann & Schrader, 2008; Holling, Preckel & Vock, 2004; Rost, 2009). Intelligenzunterschiede klären daher etwa 25 bis maximal 50 % der Schulleistungsvarianz auf (vgl. Rost, 2009; Erläuterungen zum Anteil aufgeklärter Varianz s. Anhang). Dabei ist die Intelligenz noch enger mit den Leistungen in Hauptfächern als in Nebenfächern assoziiert, die höchsten Korrelationen ergeben sich in der Regel zur Mathematikleistung. Darüber hinaus sind die Beziehungen zur Intelligenz noch enger, wenn die Schulleistungsmessung mittels standardisierter Testverfahren statt Zensuren erfolgt, was auf die höhere Objektivität der standardisierten Messungen zurückgeführt werden kann. Bei den IQ-Tests erwiesen sich insbesondere solche mit deutlicher verbaler Ausrichtung als prädiktiv für Schulleistungsmaße (Rost, 2009).

Während die Beziehung zwischen Intelligenz und akademischen Leistungen im Primarstufenalter noch sehr eng ausgeprägt ist, werden die Zusammenhänge im Verlauf der Lebensspanne etwas geringer: Für das Grundschulalter werden gemittelte Korrelationen von r = .60 bis r = .70, für das Sekundarstufenalter noch Korrelationen von r = .50 bis r = .60 und für das Studienalter von r = .30 bis r = .50 berichtet (im Überblick: Rost, 2009). Dies bedeutet, dass die Leistungsprognose anhand der Intelligenzunterschiede im Grundschulalter noch besser möglich ist als die Vorhersage von Studienleistungen. Offenbar spielen im Verlauf der Entwicklung zunehmend weitere Faktoren eine bedeutsame Rolle zur Entstehung von Leistungsunterschieden. Dieser Aspekt wird in Abschnitt 5.2 weiterführend erläutert. Nichtsdestotrotz kann festgehalten werden, dass sich die intellektuellen Unterschiede nachweislich auf den Erfolg in Studium und Beruf auswirken. Der Zusammenhang von Intelligenz und Berufserfolg ist darüber hinaus abhängig von der Berufssparte und den Anforderungen, die der Beruf an die Person stellt. Intelligenzunterschiede klären etwa 16 bis 36 % der Varianz des Berufserfolges auf.

Aufgrund der hier berichteten hohen positiven Zusammenhänge zwischen Intelligenz und Leistung überrascht es nicht, dass Hochbegabte durchschnittlich auch bessere schulische Leistungen erzielen als durchschnittlich Begabte. Im Marburger Hochbegabtenprojekt erwiesen sich die hochbegabten Schülerinnen und Schüler den durchschnittlich Begabten dementsprechend um fast eine Notenstufe überlegen (Freund-Braier, 2000; Rost & Hanses, 2000). In der Terman-Studie waren die Leistungsvorteile der Hochbegabten in den Bereichen Lesen, Sprachen und Allgemeinwissen noch deutlicher ausgeprägt als im Rechtschreiben oder der Mathematik. Doch gibt es auch Hinweise darauf, dass Hochbegabte ihr volles Leistungspotenzial nicht ausschöpfen (Shurkin, 1992). Eine zu geringe Ausschöpfung des Leistungspotenzials wurde übrigens insbesondere für deutsche Schülerinnen und Schüler als eine Schlussfolgerung der internationalen Schulleistungsstudien der letzten zehn Jahre postuliert. Denn während unsere Schülerinnen und Schüler unter vergleichsweise günstigen Rahmenbedingungen (differenziertes Schulsystem mit Gymnasium, hohe sozial-ökonomische Ressourcen der Familien) lernen, ist nur ein relativ geringer Anteil in der Leistungsspitze vertreten (vgl. hierzu van Ackeren, 2008; Zimmer, Brunner, Lüdtke, Prenzel & Baumert, 2007).

Insgesamt zeigen die Befunde der Intelligenzforschung also eine relativ enge Beziehung von Intelligenz und Leistung auf, wobei es sich vermutlich um wechselseitige Einflüsse handelt. Während der Einfluss der Intelligenz auf die Schulleistungen durch etliche Längsschnittstudien als gut gesichert angenommen werden kann (vgl. Perleth, 2008; Rost, 2000; Trost, 1993), bestätigen einige Studien auch den Einfluss des Unterrichts auf die kognitive Leistungsfähigkeit (im Überblick: Rost, 2009). Wie aufgezeigt wurde, gehen die Zusammenhänge zwischen Intelligenz- und Leistungsmaßen im Verlauf der Entwicklung etwas zurück. Rost (2009) führt dies auf die Einengung der Intelligenz- und Leistungsvarianzen durch Aussonderung lernschwacher Schülerinnen und Schüler (Erläuterungen dazu im Anhang) sowie auf den steigenden Gehalt fachspezifischer Wissensaspekte in den erzielten Zensuren zurück. Andere Autoren interpretieren diesen Trend eher als steigende Relevanz weiterer Faktoren zur Erklärung der Leistungsvarianz (vgl. Schneider, 2008b).

5.2 Erkenntnisse aus der Expertiseforschung

Expertise stellt den fortlaufenden Prozess des Erwerbs und der Konsolidierung eines Satzes bereichsspezifischer Fertigkeiten dar (Oerter, 2008). Die Expertiseforschung zielt insbesondere auf die verfügbare Wissensbasis ab, die in hierarchischen Netzwerken organisiert ist. Je mehr Wissen im Netzwerk repräsentiert ist und je enger die Beziehungen zwischen den Knotenpunkten sind, umso schneller und effizienter kann auf relevante Wissensbereiche zugegriffen werden. Insofern zeichnen sich Experten sowohl quantitativ als auch qualitativ durch eine bessere Wissensbasis in ihrer Domäne aus.

In der Erforschung der Auswirkungen von Expertise auf Leistung wird meist der kontrastive Ansatz realisiert, indem die Leistungen von Experten mit denjenigen von Novizen in einer Domäne verglichen werden. Mehrfach repliziert wurden positive Effekte der Expertise auf die Gedächtnisleistung. Dazu wurden Schachexperten und -novizen über ein sehr kurzes Intervall (z. B. 5 Sekunden) unterschiedliche Anordnungen von Schachfiguren auf einem Schachbrett visualisiert. In der folgenden Gedächtnisaufgabe konnten die Schachexperten deutlich mehr Figurenpositionen korrekt erinnern als die Novizen. Folgestudien mit unterschiedlichen Altersgruppen verdeutlichten darüber hinaus, dass durch die Expertise übliche Entwicklungseffekte des Gedächtnisses überlagert werden konnten, denn Schachexperten im Kindesalter erzielten bessere Gedächtnisleistungen als erwachsene Novizen; das ist insofern besonders hervor zu heben, da sich im Kindesalter die Gedächtnisleistung positiv entwickelt und wir daher üblicher Weise Altersunterschiede zugunsten älterer Kinder finden (vgl. Schneider, 1993). Die oben beschriebenen Leistungssteigerungen von Experten sind auf deren Rückgriff auf die verfügbare Wissensbasis zurückzuführen, der ihnen die Bildung von „chunks" im Einspeicherprozess erlaubt. Dabei werden die dargebotenen Elemente zu größeren Einheiten zusammengefasst verarbeitet, wie bei der Verknüpfung von einzelnen Zahlen zu Daten (11.09.01 statt 1-1-0-9-0-1). Die Experten können sich also die Konstellationen mehrerer Schachfiguren als eine Einheit merken, wohingegen die Novizen sich die Positionen der einzelnen Figuren einprägen müssen. Dazu passt, dass der Leistungsvorteil der Schachexperten nur bei realistischen Anordnungen der Schachfiguren zu finden war und unrealistische Figurenkonstellationen nicht zu diesem Effekt führten. Auch metakognitive Unterschiede (z. B. der Einsatz effektiverer Strategien) tragen zu den Leistungsunterschieden zwischen Experten und Novizen bei. Besonders beeindruckend sind die Befunde der Expertiseforschung, da die Untersuchungen aus verschiedenen Disziplinen (z. B. Schach, Bridge, Klavier, Geige) zu sehr ähnlichen Schlussfolgerungen führen.

Ein hohes Ausmaß an fachspezifischer Expertise verbessert also nachweislich die Gedächtnisleistungen in dieser Domäne fundamental, gleichzeitig bleiben diese Effekte auch auf die jeweilige Domäne begrenzt. An dieser Stelle kann eine Brücke zu den unter 5.1 berichteten Befunden der Begabungsforschung geschlagen werden, denn parallel zur sinkenden Relevanz der Intelligenz für die Erklärung der Leistungsvarianz nimmt die Bedeutung des bereichsspezifischen Vorwissens auch für die Erklärung von Schulleistungen über die Entwicklungsspanne zu (Schneider, 2008b). Insofern steigt die Bedeutung des verfügbaren Vorwissens auch für akademischen Erfolg im Verlauf der Entwicklung an. Doch wovon hängt es ab, wer sich zum Experten entwickelt? Auch hierzu haben zahlreiche Studien der Expertiseforschung zu unterschiedlichen Disziplinen (z. B. Schach, Fußball, Geige) sehr einheitlich das so genannte „deliberate practice" als wesentlichen Erfolgsfaktor identifiziert. Darunter wird das anhaltende und gezielte Üben zur Maximierung der Leistung verstanden. Die Leistungsunterschiede werden dabei nicht nur von der Quantität, sondern auch von qualitativen Aspekten des „deliberate practice" determiniert. Trainer spielen für die unmittelbare Rückmeldung sowie die Anpassung der Übung an das jeweilige Wissen und Können dabei eine entscheidende Rolle.

Ist Hochleistung also nur eine Frage angeleiteter und gezielter Übung? Welche Rolle spielen Fähigkeitsunterschiede im Expertiseerwerb? Studien, die neben fachspezifischem Vorwissen auch fachspezifische sowie allgemeine kognitive Fähigkeiten zur Leistungsprognose erfasst haben, zeigen tatsächlich den relativ geringen Beitrag der allgemeinen kognitiven Fähigkeiten an. Teilweise konnten geringe allgemeine Fähigkeiten durch ein hohes Ausmaß an fachspezifischem Vorwissen kompensiert werden, was umgekehrt nicht der Fall war (vgl. Schneider, 1993). In einer Längsschnittstudie zum Zuwachs an Schachkompetenzen erwiesen sich die früheren Schachleistungen als gewichtigster Faktor zur Erklärung späterer Performanz, wohingegen die zusätzliche Berücksichtigung der Fähigkeit zum nonverbalen Denken die Leistungsprognosen nur vergleichsweise wenig verbesserten (Schneider, 1993). Die Ergebnisse seiner Längsschnittstudie zur Entwicklung von Tennisexpertise resümierte Schneider (1993) dahingehend, dass v. a. die domänenspezifischen Fähigkeiten, das Ausmaß gezielter Übung sowie der elterlichen Unterstützung für die Entwicklung von Spitzenleistungen (z. B. Position in der Weltrangliste) verantwortlich waren. Basale motorische Kompetenzen beeinflussten die Leistungsunterschiede hingegen nicht. Selbstredend können nichtkognitive Faktoren wie die Motivation (vgl. Ericsson et al., 1993) bzw. ein hohes Interesse und Durchhaltevermögen (Bös & Schneider, 1997) als Dreh- und Angelpunkte des Expertiseerwerbs angesehen werden, damit auch schwierige Phasen im Entwicklungsprozess erfolgreich durchlaufen werden (vgl. auch Bloom, 1985; Cox, 1926).

Auch aus der Terman-Studie ergaben sich Hinweise auf die steigende Relevanz nichtkognitiver Entwicklungsbereiche zur Erklärung von Leistungsunterschieden im Erwachsenenalter. Dazu wurde überprüft, in welchen Faktoren sich die Gruppe der beruflich besonders erfolgreichen Probanden von der Gruppe der wenig erfolgreichen seiner Stichprobe bereits in früheren Jahren systematisch unterschieden hatte, die im durchschnittlichen IQ kaum differierten. Bereits zu Beginn der College-Zeit hatte sich die später erfolgreiche Gruppe durch höhere Ausprägungen von Führungsstreben, Durchhaltevermögen und Selbstwert ausgezeichnet, wohingegen die Unterschiede im IQ-Mittelwert der Gruppen eher gering waren (Rost, 2000; Terman, 1959). Auch in der Studie von Trost und Sieglen (1992) erwiesen sich Faktoren wie Motivation, Einflussstreben und Beharrlichkeit mit 18 Jahren als wichtige Prädiktoren für einen hohen Berufserfolg.

5.3 Das Schwellenwertmodell zur Erklärung von Leistungsunterschieden

Einerseits betont also die Begabungsforschung die hohe Relevanz der allgemeinen Fähigkeiten für die Entstehung von Leistungsunterschieden, wobei ihre Vertreter die steigende Bedeutung fachspezifischer Vorkenntnisse anerkennen. Befunde der Expertiseforschung sprechen andererseits eher für die Bedeutung der gezielten Übung sowie weiterer nichtkognitiver Kompetenzen zur Entstehung von Höchstleistungen. Wie können diese Ansätze integriert werden? Zum einen sollen dazu erneut die verschiedenartigen Perspektiven der hier vorgestellten Forschungsstränge betont werden: Während sich die Expertiseforschung mit Höchstleistungen befasst, orientiert sich die Begabungsforschung eher an bestimmten Kompetenzniveaus; die resultierenden Forschungsschwerpunkte überlappen sich zwar, sind jedoch nicht deckungsgleich. Anhand des Schwellenwertmodells wurde ein Versuch unternommen, beide Ansätze zu integrieren. Demnach sind die Zusammenhänge wie folgt zu erklären: Sofern die Fähigkeiten von Personen über einer bestimmten Schwelle liegen, sind innerhalb dieser hochfähigen Gruppe vorrangig nichtkognitive Merkmale (z. B. Ausdauer, Engagement, Übung) dafür maßgeblich, ob außergewöhnliche Leistungen erzielt werden (vgl. Schneider, 2000, 2008b). Ungeklärt ist hingegen die genaue Festlegung einer solchen Schwelle für die Fähigkeiten, die allgemein im überdurchschnittlichen Bereich angesiedelt wird. Das Schwellenwertmodell stellt also durchaus eine plausible Veranschaulichung der Beziehungen dar, ist aber auch mit einer gewissen Unschärfe behaftet. Weiterhin ergaben neuere Studien Befunde, die eher gegen die Gültigkeit des Schwellenwertmodells sprechen. Denn nach dem Modell könnten die Leistungsunterschiede innerhalb der Gruppe der hochfähigen Personen – die also alle die Kompetenzschwelle überschritten haben – nicht mehr durch Fähigkeitsunterschiede erklärt werden. Genau dieser Aspekt wurde unlängst von der Arbeitsgruppe um Camilla Benbow anhand einer umfangreichen Stichprobe der Study of Mathematically Precocious Youth (SMPY) überprüft. Anhand der Ergebnisse im Scholastic Aptitude Test (SAT) stellten die Autoren eine Gruppe höchstbegabter Zwölfjähriger („Top 1 von 10 000"; N = 320, davon n = 224 Jungen) zusammen. Im jungen Erwachsenenalter waren die besten 25 % dieser Stichprobe den unteren 25 % im beruflichen Erfolg (z. B. Promotionen, Einkommen) deutlich überlegen. Weiterhin bestätigte sich eine erfolgreichere Laufbahn dieser Gruppe verglichen mit den 1 % Besten der Ausgangspopulation (s. Lubinski & Benbow, 1994; Lubinski, Webb, Morelock & Benbow, 2001; Wai, Lubinski & Benbow, 2005). Es scheinen sich also auch im oberen Intelligenzbereich systematische Fähigkeitseinflüsse auf die Leistungsentwicklung zu zeigen; daher werden diese Befunde von einigen Autoren als Falsifikation des Schwellenwertmodells interpretiert (Lubinski, Webb, Morelock & Benbow, 2001; s. auch Vock & Holling, 2007). Auch eigene Ergebnisse zu Erfolgsfaktoren im Frühstudium verdeutlichten die hohe Relevanz der intellektuellen Fähigkeiten zur Erfolgsprognose, die sich für die Gruppe der hochintelligenten Frühstudierenden gleichermaßen bestätigte wie für die Frühstudierenden insgesamt (vgl. Stumpf, 2011).

Das Schwellenwertmodell hat daher zwar anschaulichen Charakter und ist im Kontext der Expertiseforschung wiederholt bestätigt worden, scheint aber nicht auf alle Leistungskontexte übertragbar zu sein. Generell ist zu beachten, dass die Vorhersage von Höchstleistungen bzw. Leistungsexzellenz aufgrund methodologischer Probleme noch weniger gut möglich ist als die Vorhersage durchschnittlicher Leistung (Trost, 1993).

Als Fazit zur Entstehung von Leistungsunterschieden im Erwachsenenalter hat Freeman (2010) aus ihrer zuvor erwähnten Längsschnittstudie recht passend resümiert: „Im Allgemeinen konnte man beobachten, dass mit höherer Intelligenz auch die Wahrscheinlichkeit stieg, als Erwachsener erfolgreich zu sein. Die wichtigsten Voraussetzungen für Erfolg waren in der gesamten Stichprobe – egal ob begabt oder nicht – harte Arbeit, emotionale Unterstützung und eine positive persönliche Einstellung" (Freeman, 2010, S. 120). Dieses Zitat verdeutlicht die Notwendigkeit auch für hochbegabte Kinder und Jugendliche, sich anzustrengen und Hilfestellungen aus der Umwelt in Anspruch zu nehmen. Das Erzielen anhaltender Erfolge fällt also offenbar auch den Hochbegabten nicht einfach „in den Schoß" – auch sie müssen sich diese Erfolge erarbeiten; gleichwohl wirken sich Fähigkeitsunterschiede in allen Begabungsgruppen nachweislich auf Leistungsunterschiede aus.

5.4 Underachiever und Hochleister

Wie zuvor bereits kurz erwähnt, gibt es eine Subpopulation hochbegabter Kinder und Jugendlicher, für die tatsächlich eine ungünstige Entwicklung in einigen Bereichen recht gut belegt ist. Dabei handelt es sich um hochbegabte Minderleister, für die sich die Bezeichnung „Underachiever" weitgehend durchgesetzt hat. Im weitesten Sinne bezeichnet man damit Schülerinnen und Schüler, bei denen sich eine bedeutsame Diskrepanz aus hoher Begabung und geringer Leistung zeigt. Zur Operationalisierung des Konstrukts werden meist für beide Faktoren (Begabung, Leistung) bestimmte Cut-off-Kriterien definiert und die Schülerinnen und Schüler der Schnittmenge als hochbegabte Underachiever bezeichnet. Dafür gibt es keine allgemein gültigen Grenzwerte, meist wird jedoch die IQ-Schwelle beim allgemeinen Hochbegabungskriterium (IQ ≥ 130) und das Leistungskriterium beim Median (Erläuterungen dazu im Anhang) der relevanten Schulklasse gesetzt (Hanses & Rost, 1998). Daraus wird deutlich, dass die Kriterien für das Underachievementsyndrom nicht nur von den Fähigkeiten und Schulleistungen des jeweiligen Kindes, sondern auch in doppelter Hinsicht vom Leistungsniveau der Klasse beeinflusst werden: erstens durch die Festlegung des Schulleistungskriteriums anhand des Verteilungswertes der Schulklasse und zweitens durch die Orientierung an den Zensuren des jeweiligen Schülers, die ohnehin indirekt am Leistungsniveau der Klasse relativiert werden. Manche Autoren ziehen für das Begabungskriterium eine geringere Schwelle heran (z. B. Prozentrang ≥ 96), was vermutlich mit der äußerst geringen Prävalenz (Erläuterungen dazu im Anhang) hochbegabter Underachiever erklärt werden kann. Denn wenngleich der Anteil an hochbegabten Underachievern teilweise auf bis zu 40 % beziffert und als „Epidemie" bezeichnet wird (s. Rimm, 2003), erwiesen sich im Marburger Hochbegabungsprojekt nur 12 % der hochbegabten Schülerinnen und Schüler zu dieser Gruppe zugehörig (Hanses & Rost, 1998). Wie letztgenannte Autoren betonen, entspricht dieser Anteil genau dem zu erwartenden Wert, der sich aus dem in Abschnitt 5.1 referierten Korrelationsmaßen aus Intelligenz und Leistung ergibt. In absoluten Zahlen bedeutet dies, dass in der repräsentativen Ausgangsstichprobe des Marburger Hochbegabtenprojekts von 7300 Grundschulkindern nur 18 hochbegabte Underachiever rekrutiert werden konnten, davon zwölf Jungen (Sparfeldt, Schilling & Rost, 2006). Damit beläuft sich die Prävalenz der hochbegabten Underachiever auf nur 0.25 % der Gesamtbevölkerung. Zudem handelt es sich beim Underachievement keineswegs um ein für Hochbegabte *typisches* Entwicklungsrisiko.

Die geringe Prävalenz hochbegabter Underachiever darf andererseits auch nicht zu einer Abwertung der Problematik führen, denn etliche Studien bestätigen inzwischen deutliche Auffälligkeiten in der Persönlichkeit dieser Kinder und Jugendlichen. Dabei handelt es sich meist um internalisierende Probleme. Vorwiegend unterscheiden sich die Underachiever bezüglich einer ungünstigeren Selbsteinschätzung („self-esteem") von Schülerinnen und Schülern mit vergleichbarer Begabung, die gute Schulleistungen erzielen (vgl. Rimm, 2003). In der Marburger Hochbegabtenstudie unterschieden sich die hochbegabten Underachiever der 4. Jahrgangsstufe in zahlreichen Entwicklungsbereichen deutlich von Achievern (Schülerinnen und Schüler mit fähigkeitsadäquaten Leistungen) mit unterschiedlichen Begabungsausprägungen sowie von durchschnittlich begabten Underachievern (Hanses & Rost, 1998). Genau gesagt, fiel die Selbsteinschätzung hochbegabter Underachiever bezüglich sechs von sieben Selbstkonzeptskalen sowie bezüglich zahlreicher Persönlichkeitsvariablen (v. a. schulischer Ehrgeiz, fehlende Willenskontrolle, emotionale Erregbarkeit, Unterlegenheitsgefühle, Scheu vor Sozialkontakten) deutlich negativer aus als bei anderen Kindern (Hanses & Rost, 1998; Rost, 2007b). Rost spricht hier sogar von „dramatischen" Selbstwert- und Selbstkonzeptproblemen (Rost, 2007b). Die Eltern schätzten die Entwicklung ihrer hochbegabten Underachiever v. a. hinsichtlich der kognitiven Fähigkeiten und des Sozialverhaltens negativer ein als Eltern anderer Kinder und beschrieben sie als „schwierig". Ähnlich negativ fiel die Beurteilung hochbegabter Underachiever durch ihre Lehrkräfte aus, die das kognitive Potenzial dieser Schülerinnen und Schüler unterschätzten (Hanses & Rost, 1998; Rost, 2007b). Im Längsschnitt zeigte sich für die hochbegabten Underachiever in der 9. Jahrgangsstufe eine ungünstige Schullaufbahn, denn sie besuchten anteilig seltener das Gymnasium als hochbegabte Achiever (Sparfeldt, Schilling & Rost, 2006).

Neben diesen ungünstigen Selbstkonzept- und Selbstwertausprägungen sind auch motivationale Probleme für hochbegabte Underachiever belegt (McCoach & Siegle, 2003). Insgesamt verwundert es auf Basis dieser Befunde nicht, dass Underachiever eine eher ungünstige Haltung gegenüber der Schule aufweisen (Ehm, 2009).

Wenngleich sich also zahlreiche und schwer wiegende Unterschiede im Persönlichkeitsbereich zwischen hochbegabten Kindern mit erwartungskonformer vs. erwartungswidriger Schulleistung zeigen, sind wir in diesem Kontext mit dem Henne-Ei-Problem konfrontiert, denn die Kausalitätsrichtung ist ungeklärt: sind die Schulleistungen schlecht, weil der Underachiever eine geringe Motivation und ungünstige Selbsteinschätzung aufweist, oder ist es umgekehrt? Nach dem aktuellen Stand der Forschung ist davon auszugehen, dass unterschiedliche Faktoren, die sich wechselseitig beeinflussen, zum Phänomen Underachievement führen können (s. auch Ehm, 2009). Dieses Bedingungsgefüge ist jedoch individuell sehr verschieden, weshalb auch nur eine in hohem Maße individualisierte Intervention Erfolg versprechend ist.

Ein eigenes Problemfeld stellt die Identifikation hochbegabter Underachiever dar. Während Lehrkräfte noch relativ gut in der Lage sind, hochbegabte Schülerinnen und Schüler mit erwartungskonformen Leistungen zu erkennen, sind weder die subjektiven Einschätzungen von Lehrkräften noch die von Eltern oder Mitschülerinnen und Mitschülern ausreichend treffsicher zum Erkennen hochbegabter Underachiever (vgl. Ziegler & Stöger, 2003). Die Hochbegabung von Underachievern kann also offenbar ausschließlich durch eine Intelligenzdiagnostik festgestellt werden. Rost zählt einige Indikatoren auf, die das Erkennen hochbegabter Underachiever erleichtern können. Dazu zählen besonders gute Leistungen des Schülers bzw. der Schülerin in der Vergangenheit oder in außerschulischen Bereichen, das schnelle Aneignen neuer Unterrichtsinhalte sowie vereinzelt gute Unterrichtsbeiträge, auch bei komplexen Themen (Rost, 2007b). Auch wenn sich solche Indikatoren häufen, muss eine Hochbegabung testdiagnostisch abgesichert werden.

Um das breite Themenfeld von Begabung und Leistung abzurunden, werden nachfolgend noch relevante Befunde zu so genannten Hochleistern vorgestellt, da sich hier in vielen Bereichen Ähnlichkeiten zu Hochbegabten aufweisen lassen. Im Rahmen des Marburger Hochbegabtenprojekts wurden diejenigen Schülerinnen und Schüler, deren Notendurchschnitt besser als 1.5 war, besonders genau untersucht ("Hochleister", vgl. Freund-Braier, 2000; Rost & Hanses, 2000).

Der durchschnittliche IQ dieser Gruppe betrug M = 114, wohingegen die Vergleichsgruppe mit durchschnittlichen Leistungen nur einen IQ von M = 100 erzielt hatte. Zwischen diesen beiden Gruppen zeigten sich zahlreiche weitere Unterschiede, u.a. waren Kinder aus der oberen sozial-ökonomischen Schicht bei den Hochleistern deutlich überrepräsentiert. Wie die Ergebnisse zeigen, beurteilen Lehrkräfte und Eltern die kognitive Leistungsfähigkeit der Hochleister deutlich positiver als die der durchschnittlich Leistenden – diese Diskrepanz fiel sogar größer aus als die Lehrkrafteinschätzungen zu Hoch- vs. durchschnittlich Begabten, obwohl hier die tatsächlichen IQ-Werte viel stärker differierten ($M_{Hochbegabte}$ = 136; $M_{durchschnittlich\ Begabte}$ = 102). Ähnlich wie Hochbegabte (siehe dazu Abschnitt 4.2) wiesen Hochleister ein deutlich positiveres schulisches Selbstkonzept auf als ihre Pendants, und sie schätzten auch ihre Beliebtheit bei Gleichaltrigen etwas ungünstiger ein. Besonders von Lehrkräften wurden Hochleister insgesamt sehr positiv beurteilt (vgl. Freund-Braier, 2000; Rost & Hanses, 2000).

Fazit

Die Erläuterungen in Kapitel 5 haben einen insgesamt relativ engen Zusammenhang von Begabung und Leistung aufgezeigt, wenngleich mit steigendem Alter nichtkognitive Faktoren eine zunehmende Rolle zur Erklärung von Leistungsunterschieden spielen. Hochbegabte erzielen durchschnittlich betrachtet auch tatsächlich deutlich bessere Leistungen als durchschnittlich Intelligente, dennoch sind sie keineswegs alle als Hochleister anzusehen; im Marburger Hochbegabtenprojekt erzielten die Hochbegabten in der 9. Jahrgangsstufe beispielsweise einen Notendurchschnitt von M = 2.4 (durchschnittlich Begabte: M = 3.2; vgl. Freund-Braier, 2000; Rost & Hanses, 2000). Insbesondere für die Entstehung außergewöhnlich hoher Leistungen verdeutlichen die Befunde der Expertiseforschung die hohe Relevanz des anhaltenden, zielgerichteten Einsatzes, der hohen Motivation und optimaler Unterstützung.

Fazit

Entgegen dem insgesamt positiven Bild, das in Kapitel 4 über die Entwicklung von Hochbegabten gezeichnet wurde, wurden für hochbegabte Underachiever sehr ungünstige Entwicklungen hinsichtlich der Selbst- und Fremdeinschätzungen aufgezeigt. Herausfordernd ist nicht nur das Erkennen von hochbegabten Underachievern, sondern auch die Intervention, da das Phänomen multikausal und sehr individuell bedingt wird. Hochleister hingegen werden von Eltern und Lehrkräften vielfach sehr positiv beurteilt, was einmal mehr die hohe Bedeutung der erbrachten Leistungen für subjektive Einschätzungen Dritter unterstreicht.

6

Begabtenförderung im Überblick

Nachdem in den vorherigen Kapiteln das Grundwissen über Hochbegabung und Hochbegabte vermittelt wurde, wenden wir uns nun aktiv den Fördermaßnahmen zu. Nach der Darlegung einführender Überlegungen, welche Anforderungen an Begabtenförderprogramme grundsätzlich zu stellen sind (Abschnitt 6.1), werden konkrete Maßnahmen vorgestellt und diskutiert (6.2 bis 6.6). Die Beurteilung der Wirksamkeit schließt sich in Kapitel 7 an.

6.1 Vorbemerkungen zur Begabtenförderung

Vermutlich als Folge unserer nationalsozialistischen Vergangenheit haben wir uns im bundesdeutschen Raum erst relativ spät mit der Förderung Hochbegabter befasst. Förderprojekte, die in der früheren DDR fest etabliert waren, wurden teilweise nach der Wiedervereinigung still gelegt. Ungefähr seit Mitte der 1990er Jahre wurden auch hierzulande mehr und mehr Fördermaßnahmen entwickelt und insbesondere in den vergangenen zehn Jahren war ein rapider Zuwachs zu verzeichnen. Nach wie vor orientiert sich die Begabtenförderung in Deutschland an Vorarbeiten aus dem US-amerikanischen Raum, wo sie als eine Folge des so genannten Sputnikschocks bereits Mitte der 1950er Jahre intensiviert wurde.

Ganz allgemein sollten Begabtenfördermaßnahmen – ebenso wie andere Interventionen – aus einem theoretischen Modell abgeleitet werden und die verfügbare Befundlage zu den Entwicklungsbesonderheiten der Zielgruppe berücksichtigen. Die fokussierte Zielgruppe sowie die Förderziele sollten möglichst genau beschrieben werden. Eine zentrale Stellschraube der Begabtenförderung stellen die diagnostischen Strategien zur Auswahl der Teilnehmerinnen und Teilnehmer dar (vgl. auch Abschnitt 2.2).

Eingangs soll auf eine weit verbreitete, aber keineswegs folgenlose Ausweitung im Feld der Begabtenförderung aufmerksam gemacht werden. Denn obwohl sich dieses Büchlein bislang – falls möglich – mit *Hoch*begabung befasst hat, kann diese quantitative Akzentuierung für den Bereich der Förderung nicht sinnvoll aufrechterhalten werden. In den wenigsten Fällen richten sich Fördermaßnahmen tatsächlich ausschließlich an Hochbegabte, sondern das quantitative Kriterium liegt in der Regel etwas bis deutlich unterhalb der kritischen Schwelle von IQ = 130. Analog hierzu sind bei Google unter dem Stichwort „Begabtenförderung" etwa 2 Millionen Treffer zu verzeichnen, wohingegen zum Stichwort „Hochbegabtenförderung" nur etwa 50 000 Treffer aufgeführt werden (Stand: 28.04.2011). Auf der Wikipedia-Seite wird unter dem Stichwort „Förderung Hochbegabter" auf die Seite „Begabtenförderung" verwiesen, die dort wie folgt definiert wird:

> „Begabtenförderung ist die Unterstützung von Lernenden, die als überdurchschnittlich begabt identifiziert wurden. Ziel ist es, die Entwicklung der Potenziale dieser Lernenden anzuregen und bestmöglich zu begleiten." (http://de.wikipedia.org/wiki/Begabtenf%C3%B6rderung; Stand: 27.04.2011).

Nach dieser Definition handelt es sich also bei der Begabtenförderung um die Förderung der Stärken; andernorts wird der Förderbedarf hingegen von angeblich häufig auftretenden „Schwächen" in der nichtkognitiven Entwicklung Hochbegabter abgeleitet. Aus letztgenannter Perspektive soll Begabtenförderung dazu beitragen, die postulierte – aber keineswegs empirisch bestätigte (vgl. Kapitel 4) – Asynchronie aus kognitiver und nichtkognitiver Entwicklung besser in Einklang zu bringen, indem beispielsweise effektive Lernstrategien vermittelt werden.

Versucht man auf Basis der bisherigen Ausführungen zur Entwicklung Hochbegabter, den Bedarf sowie die Zielsetzungen der Begabtenförderung abzuleiten, wird man zweifellos zu der Einsicht gelangen, dass für das Gros der Hochbegabten keine defizitorientierte Förderung notwendig ist. Vielmehr scheinen hier Fördermaßnahmen indiziert, die auf ihre spezifischen Stärken (z. B. schnelle Auffassungsgabe) zugeschnitten sind. Ziel stellt die optimale Entwicklung und Ausschöpfung des vorhandenen Potenzials dar. Im Sinne der Bedürfnishierarchie nach Maslow ist der weiterführende Nutzen in positiven Effekten dieser Förderung auf die Persönlichkeitsentwicklung zu sehen; aus politischer Perspektive steht eher die optimale Ausschöpfung des gesellschaftlichen Leistungspotenzials im Vordergrund.

Defizitorientierte Begabtenfördermaßnahmen scheinen auf Basis der zuvor erläuterten Grundlagen nur für bestimmte Subpopulationen der Hochbegabten erforderlich zu sein – denn wenngleich Hochbegabung nicht zur Entwicklung inadäquater Lern- und Arbeitsstrategien, zu ADHS oder anderen Auffälligkeiten prädestiniert, können sie doch koexistieren, gewiss bei sehr geringer Prävalenz. Wie bereits für die hochbegabten Underachiever verdeutlicht, kann die Genese solcher Auffälligkeiten interindividuell sehr verschieden sein, was eine hohe Anpassung der Interventionen an den Einzelfall erfordert.

Nachfolgend wird ein Überblick zu verbreiteten Begabtenfördermaßnahmen gegeben, wobei die hier vorgenommene Gliederung nicht als Dogma zu betrachten ist, da viele Maßnahmen unterschiedliche Förderelemente gleichzeitig realisieren. Eingangs werden mit der Akzeleration und dem Enrichment die populärsten Säulen der Begabtenfördermaßnahmen beschrieben. Es folgt die Darstellung vorübergehend (Abschnitt 6.4) bzw. vollständig separierender (Abschnitt 6.5) Beschulungsmodelle. In Abschnitt 6.6 werden darüber hinaus einige Konzepte zur Individualisierung des Unterrichts vorgestellt. Da die Zielgruppen der Fördermaßnahmen meist nicht das Kriterium einer Hochbegabung erfüllen, werden nachfolgend abweichende Bezeichnungen verwendet (z. B. „besonders begabt", „überdurchschnittlich begabt"), um diese Unschärfe deutlich zu machen.

Bedingt durch die Bildungshoheit der Bundesländer können sich die jeweiligen schulischen Fördermöglichkeiten relativ stark unterscheiden. Auch deshalb kann nachfolgend nur ein genereller Überblick zu den Fördermöglichkeiten gegeben werden, die im Einzelfall noch mit den landesspezifischen Regelungen und Möglichkeiten abgeglichen werden müssen. Angaben zu weiterführender Information und Literatur befinden sich im Anhang.

6.2 Akzelerationsmaßnahmen

Unter Akzeleration ist die Beschleunigung des Durchlaufens der Ausbildungsphase zu verstehen. Die Ausbildung wird also früher begonnen, schneller durchlaufen oder der Unterrichtsstoff wird schneller durchgenommen. Als klassische individuelle Akzelerationsmaßnahmen gelten die *vorzeitige Einschulung* und das Überspringen von Klassen. Beide Maßnahmen sind zwar in sämtlichen deutschen Bundesländern möglich, werden allerdings unterschiedlich geregelt und unterschiedlich häufig in Anspruch genommen (eine Übersicht ist in Holling, Preckel, Vock & Schulze Willbrenning, 2004 zu ersehen; s. Link im Anhang). Bei der vorzeitigen Einschulung soll der Einschulungszeitpunkt weniger vom Lebensalter als vom tatsächlichen Entwicklungsstand eines Kindes abhängig gemacht werden. Dabei ist zu berücksichtigen, dass der Stichtag für die Einschulung inzwischen nicht mehr bundesweit einheitlich geregelt ist, sondern in einigen Ländern auf einen früheren Zeitpunkt fixiert oder flexibilisiert wurde; welche Kinder als vorzeitig eingeschult gelten, hängt vom landestypischen Stichtag und dem Alter des Kindes bei Einschulung ab (Bundesministerium für Bildung und Forschung, 2010b). Während der Anteil vorzeitig eingeschulter Kinder in den Jahren von 1992 bis 2004 kontinuierlich anstieg, ging dieser Trend jetzt im

Zuge der Vorverlegung des regulären Einschulungsalters in den letzten Jahren etwas zurück und lag im Jahr 2008 bei 5.4% im Bundesdurchschnitt (Bundesministerium für Bildung und Forschung, 2010b). Seit den 1990er Jahren wurden kontinuierlich mehr Mädchen als Jungen früher eingeschult (Heinbokel, 2009).

Für die Entscheidung zur vorzeitigen Einschulung sind keine klaren diagnostischen Kriterien vorgegeben, sondern diese bestehen allein in der Forderung, sie solle sich am körperlichen und geistigen Entwicklungsstand des Kindes orientieren. Testdiagnostisch unterstützte Gutachten sind nicht zwingend vorgegeben, können aber von der aufnehmenden Schulleitung eingefordert werden. Auch die Rolle des Elternwillens für eine vorzeitige Einschulung unterscheidet sich in den Ländern beträchtlich (vgl. Stumpf, 2011; siehe auch Holling, Preckel, Vock & Schulze Willbrenning, 2004).

Das *individuelle Überspringen von Klassenstufen* ist in einigen Ländern ohne Einschränkung über die gesamte Schullaufbahn möglich, andernorts sind einzelne Jahrgangsstufen von dieser Möglichkeit ausgeschlossen (z. B. die Jahrgangsstufe 4 in Thüringen) oder das Angebot ist auf ein einmaliges Springen in der Primar- bzw. Sekundarstufe I beschränkt (Sachsen-Anhalt, vgl. Holling et al., 2004). Darüber hinaus ist in einigen Bundesländern (z. B. Bremen) das Überspringen der 1. Jahrgangsstufe ausgeschlossen; hier muss die Einschulung in der 1. Klasse erfolgen, ein Wechsel kann dann frühestens zum Halbjahr in die 2. Jahrgangsstufe vorgenommen werden. Hiermit wird das Ziel verfolgt, die Leistungsstärke des Kindes vor der Entscheidung zum Springen ausreichend im schulischen Kontext beobachten und beurteilen zu können. Anlass zum Springen gibt in der Regel eine deutliche Unterforderung, die durch anhaltend gute Leistungen ohne hohen Lernaufwand angezeigt wird; darüber hinaus sollte das Kind möglichst in allen Fachgebieten überdurchschnittliche Leistungen aufweisen.

Verlässliche Zahlen zu den Springerraten liegen nicht für alle Bundesländer vor. Eine flächendeckende Untersuchung für Niedersachsen zeigt eine insgesamt geringe, aber steigende Springerrate zwischen 1980 und 2000, die v. a. auf den Anstieg in der Primarstufe und hier auf männliche Springer zurück ging (vgl. Heinbokel, 2009, 2004). Eine noch nicht abgeschlossene bundesweite Untersuchung verdeutlicht äußerst geringe Springerraten in den Jahren 2004 bis 2007 bei großen

Unterschieden zwischen den Ländern (maximal 0.12 %, vgl. Heinbokel, 2009).

Wenngleich auch für das individuelle Springen in der Regel keine klaren diagnostischen Kriterien existieren, kann hier die schulische Leistungsfähigkeit des Kindes bzw. Jugendlichen relativ gut beurteilt werden. Die Notwendigkeit zur Integration in einer neuen Klassengemeinschaft erfordert darüber hinausgehende soziale Kompetenzen für ein erfolgreiches Springen. Wie das Aufholen des versäumten Unterrichtsstoffes realisiert werden kann, hängt vom Alter des Kindes ab; jüngere Kinder sind hierzu stärker auf Unterstützung von Dritten angewiesen (vgl. auch Kapitel 8), wohingegen Jugendliche dies in der Regel weitgehend eigenständig bewältigen können, sofern sie über ausreichend autodidaktische Fähigkeiten verfügen.

Konzepte des Gruppenspringens bzw. so genannter D-Zug-Klassen werden in Kapitel 6.5 unter den separierenden Maßnahmen vorgestellt.

6.3 Enrichmentmaßnahmen

Im Enrichment werden entweder zusätzliche Lerninhalte angeboten (horizontales Enrichment) oder die herkömmlichen Inhalte vertieft durchgenommen (vertikales Enrichment). Diese Anreicherung der Lerninhalte kann im Klassenverband durch innere Differenzierung des Unterrichts oder außerschulisch durch die Teilnahme an zusätzlichen Kursen oder Arbeitsgruppen vorgenommen werden. Enrichment soll nicht als Darbietung von mehr Aufgaben desselben Stoffes missverstanden werden, was gerade bei sehr intelligenten Schülerinnen und Schülern kontraindiziert ist. Vielmehr geht es bei der inneren Differenzierung um eine Individualisierung des Unterrichts in Anpassung an die individuellen Voraussetzungen der Schülerinnen und Schüler; für lernmotivierte und überdurchschnittlich begabte Kinder und Jugendliche bietet sich auch ein hohes Maß an selbständigem Arbeiten an. Leider spielt die Unterrichtsgestaltung in den meisten deutschsprachigen Veröffentlichungen zur Begabtenförderung nur eine sehr geringe Rolle – in etlichen Überblicksarbeiten wird dieser eigentlich zentrale

Aspekt kaum oder überhaupt nicht behandelt (z. B. Bundesministerium für Bildung und Forschung, 2010a; Holling & Kanning, 1999; Vock, Preckel & Holling, 2007). Wenngleich die Unterrichtsgestaltung genuiner Bestandteil der pädagogischen Disziplinen sein sollte, wird in Abschnitt 6.6 ein Überblick zu bestehenden Konzepten zur Begabtenförderung gegeben, um interessierten Leserinnen und Lesern erste Anknüpfungspunkte zu bieten.

Als klassische schulübergreifende Enrichmentmaßnahmen gelten *Akademien* und *Wettbewerbe*, die regional und überregional angeboten werden. Unter dem Begriff „Akademien" kann im Wesentlichen eine Vielzahl von Enrichmentmaßnahmen (z. B. Arbeitsgemeinschaften, Ferienseminare, Sommercamps) gefasst werden, die in der Regel – im Unterschied zu so genannten Pulloutmaßnahmen (siehe unten) – außerhalb der regulären Unterrichtszeit stattfinden. Fortlaufende Akademien während des Schuljahres sind aus organisatorischen Gründen nur auf regionaler Ebene möglich. Insgesamt überwiegen die auf ein bis zwei Wochen der Sommerferien geblockten Kurse, wie die Deutsche SchülerAkademie. Eine so intensivierte Arbeitsphase erlaubt die Entfaltung einer bestimmten Gruppendynamik, die konstruktiv für die Veranstaltungen genutzt werden kann. Ursprünglich richteten sich die Kursangebote der Akademien vorzugsweise an Schülerinnen und Schüler der Sekundarstufe 2, in den letzten Jahren wurde das Angebot vielerorts auf die Sekundarstufe 1 ausgeweitet. Der Vielfalt des Kursprogramms sind keine Grenzen gesetzt, es reicht von philosophischen über aktuelle, politisch relevante Fragestellungen bis hin zu technischen oder mathematisch-naturwissenschaftlichen Themenstellungen. Als Zielsetzungen der Deutschen SchülerAkademie wird u. a. angeführt, eine intellektuelle und soziale Herausforderung zu bieten und unter Anleitung an anspruchsvollen Aufgaben der jeweiligen Interessenbereiche arbeiten zu lassen (s. Link der Deutschen SchülerAkademie im Anhang). Die Konfrontation mit universitären Anforderungen und Arbeitstechniken spielt darüber hinaus ebenso eine Rolle wie der Kontakt zu Gleichgesinnten. Während die Schülerinnen und Schüler der Deutschen SchülerAkademie eine gewisse Themenauswahl treffen können, werden andernorts auch Ferienakademien angeboten, in deren Verlauf die Teilnehmergruppe ein festes, sehr heterogenes Kursprogramm durchläuft (z. B. die Ferienseminare in Bayern). Auf diese Weise sollen die Jugendlichen zur Entwicklung neuer Interessensbereiche angeregt werden. Die Trägerschaft der Akademien liegt meist beim jeweiligen Ministerium bzw. dem Schulamt, teilweise werden diese Angebote durch Firmenspenden unterstützt.

Schülerwettbewerbe wie „Jugend musiziert" oder „Jugend forscht" dienen vorrangig der Spitzenförderung. Bei letzterem ist es möglich, ein Thema aus sieben Fachgebieten (Arbeitswelt, Biologie, Chemie, Geo- und Raumwissenschaften, Mathematik/Informatik, Physik, Technik) zu wählen und die Bearbeitung selbständig und kreativ zu gestalten (Bundesministerium für Bildung und Forschung, 2010a). Neben diesen zwei sehr populären Wettbewerben existieren weitere aus zahlreichen Fachdisziplinen, die meist als „Olympiaden" bezeichnet werden (z. B. Landes- und Bundesolympiade in Mathematik). Nach Holling und Kanning (1999) liegen die Ziele dieser Wettbewerbe darin, neben dem Engagement und der Leistungsbereitschaft auch Problembewusstsein und Kreativität in den individuellen Begabungsbereichen zu verstärken. Auch hier werden die sozialen Erfahrungen als förderlich angesehen. Darüber hinaus soll die Wettbewerbsteilnahme die Jugendlichen in ihrer beruflichen Orientierung stärken (Bundesministerium für Bildung und Forschung, 2010a). Die Teilnehmerinnen und Teilnehmer der Akademien und Wettbewerbe werden von Lehrkräften vorgeschlagen und über die Angebote informiert; eine Wettbewerbsteilnahme erfordert meist eine engmaschige Betreuung durch eine Fachlehrkraft.

Wirtschafts- und Industrieunternehmen haben in den letzten Jahren stark in die Ausweitung so genannter *Schülerlabore* investiert. Hintergrund stellt der zu erwartende Fachkräftemangel für technologische Arbeitsbereiche aufgrund des steigenden Bedarfs dar; als eine Gegenmaßnahme wurden die Studiengänge der MINT-Fächer (Mathematik, Informatik, Naturwissenschaften, Technik) intensiver angepriesen und deren Studierenden besser unterstützt. Darüber hinaus sollten die Studienanfängerzahlen in diesen Bereichen erhöht werden. Dieses Bestreben muss an den Interessen der Schülerinnen und Schüler für diese Fächer greifen, denn diese lassen in der Sekundarstufe 1 nachweislich deutlich nach – und dieser Interessensschwund ist in Deutschland besonders stark ausgeprägt. Zwar ist das Angebot der Schülerlabore nicht so eng auf überdurchschnittlich begabte Schülerinnen und Schüler ausrichtet wie bei den Akademien und Wettbewerben, dennoch sollen sie hier aufgrund ihrer Eignung kurze Erwähnung finden. Schülerlabore werden u.a. vom Deutschen Zentrum für Luft- und Raumfahrt (DLR) sowie vom Helmholtz-Zentrum angeboten. Es handelt sich um fachspezifische Kurse, die den Schülerinnen und Schülern einen anspruchsvollen, aber praxisnahen und authentischen Einblick in die jeweilige Forschungstätigkeit bieten. Die Palette der Kurse reicht von Chemie, Biologie, Physik, Informatik und Mathematik bis hin zu Astronomie, Medizin und Geographie. Übergeordnete Ziele der Schülerlabore sind zum einen, das Interesse der Jugendlichen an den Naturwissenschaften durch selbstständige Auseinandersetzung mit der jeweiligen Fragestellung zu vergrößern, zum anderen aber auch ein zeitgemäßes Bild von den Naturwissenschaften zu übermitteln und dieses Feld als attraktiven Arbeitsbereich vorzustellen (Engeln & Euler, 2004). Langfristiges Ziel der Anbieter stellt die Sicherung des Nachwuchses für den naturwissenschaftlichen Bereich dar. Aktuell gibt es in Deutschland etwa 200 solcher Schülerlabore für Schülerinnen und Schüler der Mittel- und Oberstufe (vgl. Stumpf, Neudecker & Schneider, 2008), teilweise werden inzwischen auch Kurse für Kinder im Grundschulalter angeboten. Die Teilnahme am Schülerlabor umfasst in der Regel einen halben oder ganzen Schultag und ist in den meisten Fällen für ganze Schulklassen vorgesehen; auf diese Weise sollen auch solche Schülerinnen und Schüler für die Forschungsrichtung gewonnen werden, die ursprünglich nur wenig Interesse dafür zeigten und ein freiwilliges Angebot daher vermutlich nicht in Anspruch genommen hätten.

Die Eignung der Schülerlabore als Begabtenfördermaßnahme wurde von der DLR erkannt, deren Schülerlabor in Oberpfaffenhofen seit einigen Jahren dauerhafte Kooperationen mit den Begabtenklassen des Otto-von-Taube-Gymnasiums in Gauting pflegt. In Kapitel 7 werden einige Befunde zu dieser Kooperation kurz vorgestellt.

Innerschulisches Enrichment kann durch das Angebot spezieller *Plus-Kurse* verwirklicht werden, die als Wahlfach zu verstehen sind. Der Besuch eines Plus-Kurses wird im Zeugnis der Schülerin bzw. des Schülers vermerkt. Potenziell geeignete Schülerinnen und Schüler werden von den Lehrkräften direkt angesprochen, ein formales Auswahlverfahren existiert in der Regel nicht.

6.4 Vorübergehend separierende Fördermodelle

Während die Teilnahme an den in 6.3 beschriebenen Enrichmentmaßnahmen in den meisten Fällen außerhalb der Unterrichtszeit erfolgt, werden nun Förderprinzipien vorgestellt, für die die Schülerinnen und Schüler den Klassenverband vorübergehend verlassen und Unterricht versäumen. Als Oberbegriff können die *Pulloutmaßnahmen* gelten, die meist die Teilnahme an feststehenden Kursangeboten während der Unterrichtszeit beinhalten. Häufig sind die Kursinhalte etwas stärker an den schulischen Curricula orientiert als bei den klassischen Enrichmentmaßnahmen und es geht weniger um die Bereicherung mit neuen Themen als um die Vertiefung von Unterrichtsinhalten. Pulloutmaßnahmen können auch der Inanspruchnahme individueller Fördermöglichkeiten dienen, und hier sind wiederum den Möglichkeiten keine Grenzen gesetzt – die auf diese Weise vorübergehend vom Unterricht befreite Schülerin kann eigenständig an einem längerfristigen Projekt arbeiten, sich für eine Wettbewerbsteilnahme vorbereiten, den Unterricht einer höheren Klassenstufe, einen zusätzlichen Leistungskurs oder – im Rahmen des Frühstudiums (s. u.) – bereits Lehrveranstaltungen der Universität besuchen. Sehr ähnlich zu den Pulloutmaßnahmen ist das von Renzulli entwickelte „Drehtürmodell", das sich vorrangig an Oberstufenschülerinnen und -schüler richtet, die besonders intelligent, kreativ oder leistungsfähig und daher im regulären Unterricht teilweise unterfordert sind. Diese Jugendlichen werden für bestimmte Zeitfenster (in Fächern, die ihnen besonders leicht fallen) vom Regelunterricht befreit und erhalten die Möglichkeit, diese Zeit für eine Intensivierung anderer Lerninhalte zu nutzen. Bei der Umsetzung der Pulloutmaßnahmen bzw. des Drehtürmodells ist die Betreuung durch eine Lehrkraft vorgesehen, Lernfortschritte sollen durch ein Lerntagebuch bzw. Portfolio dokumentiert und reflektiert werden.

Im Zuge einer aktiveren Gestaltung des Übergangs von Schule an die Hochschule sind zwei weitere Pulloutmaßnahmen zu nennen: das *Frühstudium* und der so genannte *Unitag*. Im Rahmen des Frühstudiums (auch „Schülerstudium" oder „Juniorstudium") erhalten besonders fähige bzw. leistungsstarke Schülerinnen und Schüler bereits vor dem Abitur die Möglichkeit, ausgewählte Veranstaltungen eines Studienfachs der Universität zu besuchen. In den meisten Studienfächern ist der Erwerb von Leistungsnachweisen bzw. ECTS-Punkten (Leistungspunkte nach dem European Credit Transfer System) im Frühstudium möglich, die nach dem Abitur auf ein reguläres Studium angerechnet werden können. Interessierte Jugendliche können sich selbst bei der Hochschule bewerben, die Schulleitung sowie die Erziehungsberechtigten müssen sich mit der Teilnahme einverstanden erklären. Die Entscheidung für die Aufnahme orientiert sich an den Zeugnisnoten oder wird häufig den Schulen überlassen, nur wenige Hochschulen führen ein eigenes Auswahlverfahren durch (vgl. Stumpf, 2011; Stumpf, Greiner & Schneider, 2011). Beim Frühstudium handelt es sich also um eine individuelle, fachspezifische und zukunftsorientierte Fördermaßnahme, die es den Jugendlichen erlaubt, die Disziplin ihrer Wahl vorzeitig vertieft zu behandeln. Wenngleich das Frühstudium bundesweit erst relativ spät eingeführt wurde – Vorreiter war die Universität zu Köln im Jahr 2000 –, wird es inzwischen von vielen Universitäten und Fachhochschulen angeboten (ein Link zu einer Übersicht ist im Anhang enthalten).

Mit dem so genannten *„Unitag"* hat das Bayerische Ministerium für Unterricht und Kultus kürzlich ein weiteres Projekt angestoßen, das der Förderung und Studienfachorientierung besonders begabter Jugendlicher der 11. Jahrgangsstufe dienen soll. Ausgewählte Teilnehmerinnen und Teilnehmer besuchen über den Zeitraum eines Semesters spezielle Universitätsangebote, die einen Einblick in unterschiedliche Fachrichtungen bieten (z. B. Geistes-, Lebens- und Naturwissenschaften). Trotz einiger Ähnlichkeiten der beiden Projekte sind doch auch wesentliche Unterschiede deutlich: Die zeitlich begrenzte Teilnahme am Unitag bietet über spezielle Veranstaltungen für die Schülerinnen und Schüler an der Universität einen Einblick in mehrere Studienfächer und hat vorrangig die Studienfachorientierung zum Ziel; hier steht eine sehr begrenzte Anzahl von Plätzen zur Verfügung, der Zugang wird über die Schulverwaltung (Ministerialbeauftragte) gesteuert und es können keine für ein Studium anrechenbare Leistungen absolviert werden. Im Frühstudium entscheiden sich die Jugendlichen selbst für die Teilnahme und für das von ihnen favorisierte Studienfach, die Teilnahmedauer ist nur durch das Abitur begrenzt bei bislang unbegrenzter Aufnahmekapazität, da die Frühstudierenden an regulär stattfindenden Universitätsveranstaltungen partizipieren. Wengleich auch das Frühstudium die Studienfachwahl fördert, ist darüber hinaus der vorzeitige Erwerb von Kenntnissen und Leistungsnachweisen im Studienfach möglich (nur in den zulassungsbeschränkten Studienfächern ist der Erwerb von Leistungsnachweisen für Frühstudierende nicht möglich). Auf diese Weise können Frühstudierende bis zum Abitur ggf. eine Anzahl von Leistungspunkten erwerben, die ihr reguläres Studium nach dem Abitur etwas bis deutlich verkürzt. Besonders herausragenden Frühstudierenden ist es sogar bereits gelungen, parallel zur Schule die akademische Zwischenprüfung oder auch eine akademische Abschlussprüfung und damit einen gesamten Studiengang zu absolvieren – meist schneiden diese Jugendlichen sowohl im Abitur als auch in ihren akademischen Leistungen außerordentlich gut ab (siehe dazu auch Kapitel 7.4).

6.5 Separierende Beschulung

Die separierende Beschulung von überdurchschnittlich intelligenten Schülerinnen und Schülern erfolgt entweder im Rahmen so genannter *homogener Begabtenklassen* an regulären Gymnasien oder in reinen *Spezialschulen*, die generell ausschließlich hochfähige Kinder und Jugendliche aufnehmen. Letztere fokussieren meist auf die Förderung leistungsstarker bzw. überdurchschnittlich intelligenter Schülerinnen und Schüler. Spezialschulen bieten meist durch die Angliederung eines Internats die Möglichkeit zur Aufnahme auswärtiger Schülerinnen und Schüler und beginnen daher oft erst ab der 7. oder 9. Jahrgangsstufe. Der Besuch einer homogenen Begabtenklasse im Regelgymnasium beginnt hingegen in der Regel ab der 5. Jahrgangsstufe und die Unterbringung im Internat ist nur selten möglich. Gymnasien mit Begabtenzügen wurden in den letzten Jahren in Baden-Württemberg (derzeit 17 Standorte) und Bayern (derzeit 9 Standorte) enorm ausgeweitet. Diese hatten – wie die Begabtenzüge des seit 1988 bestehenden Schulversuchs in Rheinland-Pfalz (BEGYS) – ursprünglich eine klare akzelerative Zielsetzung, denn die Schülerinnen und Schüler werden nach acht Gymnasialjahren zum Abitur geführt; inzwischen ist dies durch die Reform der gymnasialen

Oberstufe Realität für alle Gymnasiasten und stellt kein Charakteristikum der homogenen Begabtenklassen in den drei Ländern mehr dar. Die Begabtenzüge in Berlin wurden in einer Anpassung an das achtjährige Gymnasium um ein weiteres Jahr verkürzt und führen dort aktuell als „Superschnellläuferklassen" bereits nach der 11. Jahrgangsstufe zum Abitur. An diesem Projekt nehmen aktuell 13 Berliner Gymnasien teil. Die Superschnellläuferklassen überspringen formal die 8. Jahrgangsstufe (http://www.berlin.de/sen/bildung/foerderung/begabungsfoerderung/superschnelllaeufer.html; Zugriff: 07.05.2011). Von den sieben Gymnasien mit „Springerklassen" in Hamburg wurde nur an einem Standort ebenfalls die Gymnasialzeit auf sieben Jahre verkürzt (Heinbokel, 2009). Die Begabtenklassen in anderen Bundesländern wurden im Zuge der Verkürzung der Gymnasialzeit (Niedersachsen, vgl. Heinbokel, 2009) oder aus anderen Gründen inzwischen wieder eingestellt.

Für die Aufnahme in homogene Begabtenklassen und Spezialschulen werden meist umfangreiche Aufnahmeverfahren durchgeführt, die neben einer standardisierten Intelligenzdiagnostik weitere Entwicklungsbereiche der vorgeschlagenen Kinder (z.B. Selbstkonzept, Motivation) und ggf. auch des Elternhauses erfassen. Das Aufnahmeverfahren obliegt entweder vollständig oder in weiten Teilen der aufnehmenden Schule. Nicht immer sind die Aufnahmekriterien klar definiert und die konkreten Aufnahmeentscheidungen transparent; häufig fehlen klare Entscheidungsstrategien, wie die Informationen aus unterschiedlichen Quellen zusammenfassend beurteilt werden (vgl. Stumpf, 2011). Dieser Kritikpunkt ist leider im Wesentlichen für andere Begabtenfördermaßnahmen ebenfalls zutreffend. Wie in Kapitel 7.5 noch deutlich wird, zieht dieser Mangel an klaren Aufnahmekriterien etliche fundamentale Probleme der Projekte nach sich.

Sowohl in homogenen Begabtenklassen als auch in Spezialschulen werden die Unterrichtsinhalte meist akzeleriert durchgenommen und die frei werdende Zeit wird zur Vertiefung oder Ergänzung einiger Inhalte genutzt. Die Möglichkeit zur weitgehend eigenverantwortlichen Gestaltung der Lernprozesse durch die Schülerinnen und Schüler stellt ein weiteres Charakteristikum der meisten Standorte dar und kann im offenen Unterricht gut umgesetzt werden (vgl. Stumpf, 2011; Strunck, 2008). Die Ausbildungsschwerpunkte (sprachlicher oder mathematischer Zweig) sind von Standort zu Standort unterschiedlich, vielerorts wird dieser in der Mittelstufe um einen weiteren Schwerpunkt angereichert; damit gehen die Anforderungen über das übliche Maß deutlich hinaus. Die Belegung von zusätzlichen Enrichmentmaßnahmen sowie eine starke Projektorientierung werden ebenfalls an fast allen Standorten angeboten. In der Oberstufe werden Praktika oder Auslandsaufenthalte angestrebt. Trotz dieser Gemeinsamkeiten hat doch jede dieser Schulen ihr individuelles Förderkonzept für die separierende Beschulung überdurchschnittlich intelligenter Schülerinnen und Schülern entwickelt. Deutliche Unterschiede zeigen sich in der Relevanz guter Schulleistungen und der Toleranz von Entwicklungsschwierigkeiten: Während einige Schulen fast ausschließlich gut angepasste Schülerinnen und Schüler mit guten Schulleistungen in die Begabtenklassen aufnehmen, können andernorts auch solche Kinder aufgenommen werden, die leistungsbeeinträchtigende Schwächen aufweisen (siehe Kapitel 7.5).

Während der Separierungsgrad in den Spezialschulen besonders hoch ist, werden die homogenen Begabtenklassen an Regelgymnasien teilweise in einigen Fächern mit Schülerinnen und Schülern regulärer Klassen gemeinsam unterrichtet, um Kontaktmöglichkeiten zu schaffen und einer Frontenbildung zwischen den Begabten- vs. Regelklassen vorzubeugen. Gleichwohl birgt der Sonderstatus der homogenen Begabtenklassen an Regelgymnasien ein gewisses Konfliktpotenzial, das den gegenseitigen Kontakt der Schülerschaft, aber auch der Lehrkräfte und Elternschaft beeinflussen kann. Darüber hinaus sind die homogenen Begabtenklassen in Regelgymnasien zusätzlich mit dem Problem behaftet, dass längst nicht alle Lehrkräfte spezifische Kompetenzen für das Unterrichten überdurchschnittlich intelligenter Schülerinnen und Schüler aufweisen.

Insgesamt wurde deutlich, dass separierende Beschulungsmodelle den Schülerinnen und Schülern einerseits eine größere Vielfalt an Lerninhalten, -impulsen und Arbeitstechniken bieten. Andererseits müssen diese Schülerinnen und Schüler auch deutlich mehr leisten, um den höheren Anforderungen gerecht werden zu können. In aller Regel wird von ihnen die Bereitschaft erwartet, ihre hohen Fähigkeiten anhaltend in Leistung umzusetzen.

Abschließend ist zum Thema der separierenden Beschulung zu betonen, dass diese Konzepte bislang in Deutschland nach Kenntnis der

Autorin ausschließlich ab der Sekundarstufe angeboten werden; Bestrebungen, eine reine homogene Grundschule für überdurchschnittlich begabte Kinder einzurichten, wurden meines Wissens nach nicht genehmigt. In Grundschulen wurden hingegen einige integrative Begabtenförderkonzepte etabliert, die nachfolgend kurz skizziert werden.

6.6 Unterrichtsgestaltung und Individualisierung

In deutschsprachigen Publikationen wird das Thema Unterrichtsgestaltung nur selten explizit im Kontext der Begabtenförderung behandelt, obwohl darin die Keimzelle schulischer Begabtenförderung zu sehen ist. Eine Vorreiterrolle nehmen hier diejenigen Schulen ein, die sich durch die Verortung von homogenen Begabtenklassen oder des Förderschwerpunkts Begabtenförderung kontinuierlich mit dieser Thematik befassen; wie das Resümee von Hackl (2008) verdeutlicht, kommt es bei Weitem nicht an jedem Standort nach jahrelanger Erfahrung mit solchen Förderprojekten zur Etablierung eines einheitlichen methodisch-didaktischen Konzepts. Andernorts werden inzwischen solche Konzepte umgesetzt, die sich deutlich vom sonst noch stark verbreiteten Frontalunterricht an deutschen Schulen unterscheiden. Als einfachste Art der Anpassung des Unterrichts gilt nach Joswig (2008) die Bildung homogener kleinerer Lerngruppen innerhalb des Klassenverbands. Dies könnte sowohl im separierenden als auch im regulären Klassenverband umgesetzt werden.

An den Schulen des Christlichen Jugenddorfwerk Deutschland (CJD) in Braunschweig und Königswinter wurden im Rahmen separierender Gymnasialklassen Programme zur Individualisierung der Lernprozesse entwickelt, in denen im Wesentlichen das Drehtür-Modell (s. Kapitel 6.4) mit einem hohen Anteil an Frei- und Projektarbeiten kombiniert und durch Enrichmentkurse ergänzt wird (vgl. Gardyan, 2008; Hellert, 2008). Die Begleitung und Reflexionsmöglichkeit der eigenen Lernfortschritte durch eine Lehrkraft als Mentor spielt hier ebenso eine Rolle wie am Landesgymnasium für Hochbegabte (LGH) in Schwäbisch-Gmünd und an der Internatsschule Schloss Hansenberg (ISH). Im Zuge der Binnendifferenzierung wird am LGH eine Unterrichtseinheit dreischrittig aufgebaut: Im ersten Teil erfolgt ein Lehrervortrag, der anschließend in freier Unterrichtsform von den Schülerinnen und Schülern vertieft wird; in der dritten Phase steht interdisziplinäres Arbeiten durch die Präsentation wissenschaftlicher Thesen unterschiedlicher Disziplinen im Vordergrund (siehe dazu von Manteuffel, 2008). Im Oberstufengymnasium der ISH erfolgt die Anpassung des Unterrichts an die Zielgruppe der leistungsfähigen und leistungsmotivierten Schülerinnen und Schüler durch die Kombination eines Studientages, selbstbestimmten Lernens mit einem Forschungstrimester (vgl. Barthel, 2008). Etwa zweimal monatlich erhalten die Schülerinnen und Schüler am fixierten Studientag die Möglichkeit, ihre individuellen Interessen im Selbststudium eigenverantwortlich zu vertiefen; auf diese Weise wird ein echter Unterrichtsausfall – im Unterschied zu Pulloutprogrammen – vermieden, gleichzeitig ergibt sich daraus eine Akzeleration sowie eine Anreicherung der curricularen Inhalte. Selbstbestimmtes Lernen wird phasenweise auch gezielt im Leistungskurs Mathematik gefördert, wofür der Klassenverband vorübergehend aufgehoben wird und die Schülerinnen und Schüler sich ihren Lernpfad aus einem breiten Angebot an Methoden (z. B. freies Studium, Lernen durch Lehren, Vorlesung) selbst zusammenstellen. Übergeordnet sind einheitliche Lernziele, ein Teil an Übungsmaterialen sowie Lernzielkontrollen am Ende der Projektphase. Die Erfahrungen zeigen interessanter Weise, dass diese eigenverantwortliche Gestaltung der Lernprozesse positiv durch die Schülerinnen und Schüler beurteilt wurde, obwohl der Lernerfolg niedriger ausgeprägt war als bei herkömmlichem Unterricht (Barthel, 2008). Im Zuge des Forschungstrimesters wird schließlich die Zeit zwischen den schriftlichen und mündlichen Abiturprüfungen für mehrwöchige Praktika genutzt, die in Kooperation mit außerschulischen Einrichtungen (Universitäten, soziale und kommunale Partner) angeboten werden. Ziele stellen Einblicke in wissenschaftliches Arbeiten sowie die Übernahme gesellschaftlicher Verantwortung (z. B. im Zuge eines Sozialpraktikums im Altenheim) dar (Barthel, 2008).

Ebenfalls an Sekundarstufenschüler richtet sich das Autonome Lerner Modell, an dem sich Kempter (2008) zur Individualisierung des Unterrichts maßgeblich orientiert. Hier wird die Entwicklung der Jugendlichen hin zu selbstbestimmt und lebenslang Lernenden angestrebt

(Betts, 2008). Das vermittelte Wissen wird im Rahmen selbst erstellter Lernpläne (Auswahl aus breitem Kursangebot) von den Schülerinnen und Schülern vertieft; im Zuge von Seminaren wird Lernen durch Lehren erprobt und wissenschaftliches Arbeiten soll nachhaltige Lernerfolge vermitteln.

Winebrenner publizierte ein Handbuch mit Strategien zur Förderung besonders begabter Kinder der Grundschule und Sekundarstufe 1 in der Regelschule, das auch in einer deutschen Ausgabe verfügbar ist (Winebrenner, 2007). Kernbereiche stellen die Verdichtung und Differenzierung des Unterrichtsstoffes dar, die stark das „Curriculum Compacting" von Renzulli und Reis (2004) erinnern. Im „Curriculum Compacting" wird der übliche Unterrichtsstoff schneller behandelt, um Zeit für vertiefende Aufgaben und Übungen zu gewinnen.

Alle bisher in Abschnitt 6.6 beschriebenen Ansätze lassen eine ausgereifte Kombination der Grundprinzipien der Begabtenförderung – Akzeleration und Enrichment – durch eine Individualisierung der Lernprozesse erkennen. Indem den Schülerinnen und Schülern mehr Spielraum in der Gestaltung ihrer Lernfortschritte zugestanden wird, übernehmen sie auch mehr und mehr die Verantwortung dafür. Dass dies bereits in der Grundschule gelingen kann, zeigt der von Rohrmann (2009) dokumentierte Dresdner Schulversuch zur *integrativen* Förderung begabter Grundschüler. Durch die heterogene Zusammensetzung der untersuchten Klassen rückt die Notwendigkeit zur Individualisierung der Lernprozesse umso deutlicher in den Vordergrund, wenn eine gezielte Begabtenförderung erreicht werden soll. Im Laufe der Jahre entwickelte sich hier die Begabtenförderung weg von einer Angebotsorientierung hin zu einem Konzept der Freien Planarbeit, deren Umsetzung u. a. anhand von individuellen Wochenplänen und Lernverträgen unter aktivem Einbeziehen der Kinder erarbeitet wurde.

Ein etwas anderes Konzept der integrativen Beschulung wurde an einer Grundschule in Hannover entwickelt (vgl. Henze, Sandfuchs & Zumhasch, 2006). Hier stehen eher das Unterrichtsgespräch und der entdecken-lassende Unterricht im Vordergrund. Das Motto „Zum Lernen herausfordern" wird von den Autoren der Begleitforschung als Leitmotiv des Unterrichts für eine heterogene Schülerschaft bezeichnet (Henze, Sandfuchs & Zumhasch, 2006). Für integrative Begabtenförderung eignet sich demnach die Kombination zweier Unterrichtsprinzipien: überdurchschnittlich begabte Schülerinnen und Schüler erhalten ein differenziertes und anspruchsvolles Lernangebot, das ihr Vorwissen aktiviert und ihre Kompetenzen erweitert; diese bringen sie im Zuge von kooperativem Lernen aktiv in den Unterricht ein.

Übergeordnete Prinzipien für eine begabungsgerechte Unterrichtsgestaltung in heterogenen Klassen der Sekundarstufe entwickelte Förderer (2008). Diese umfassen neben der didaktischen Gestaltung (Initiierung anspruchsvoller Lehr-/Lernprozesse) auch die Personalität der Lehrkraft (besondere fachliche und pädagogische Qualifikation), die Kommunikations- und Beziehungsebenen zwischen Schüler(innen) und Lehrkraft sowie das Unterrichtsmanagement, das die Realisierung der zuvor genannten Inhalte ermöglicht (z. B. Regeln, Organisieren, Steuern des Unterrichts). Obwohl diese Aspekte mit dem Blickwinkel der angemessenen Förderung besonders begabter Schülerinnen und Schüler formuliert wurden, geht der Autor von einem positiven Effekt seiner Methode auf alle Schülerinnen und Schüler aus.

Die hier beschriebenen Konzepte der Individualisierung des Unterrichts stellen vermutlich nur einen Ausschnitt aus den tatsächlich vorhandenen Angeboten dar und erheben keinerlei Anspruch auf Vollständigkeit. Es ist davon auszugehen, dass nur ein geringer Teil der Standorte ihre Konzepte auch durch Publikationen zugänglich macht.

Fazit

Während schulische Begabtenförderung in der Primarstufe vorrangig durch Akzeleration oder integrative Förderkonzepte realisiert wird, wurden in den letzten Jahren für das Sekundarstufenalter insbesondere separierende sowie anreichernde Fördermaßnahmen intensiviert. Schulen mit spezifischen Projekten zur Begabtenförderung (z. B. integrative Beschulung, aber auch homogene Begabtenklassen) können einerseits als Vorreiter für die Entwicklung geeigneter Förderkonzepte betrachtet werden; andererseits wird in den referierten Publikationen auch deutlich, dass es offenbar nicht unbedingt gelingt, innerhalb einer Projektschule ein einheitliches didaktisches Konzept zu entwickeln, das als Richtlinie gelten kann.

7
Relevante Forschungsbefunde zu Begabtenfördermaßnahmen

7.1 Vorbemerkungen zu methodischen Anforderungen

Bis heute werden Begabtenfördermaßnahmen bundesweit nur vergleichsweise selten systematisch wissenschaftlich erforscht. Hinzu kommt die Schwierigkeit, im praktischen Feld hochwertige Forschungsdesigns zu realisieren, um auf wirklich verlässliche Ergebnisse schließen zu können. Häufig können in hochgradig angewandten Forschungsbereichen nicht alle möglichen Einflussfaktoren ausreichend gut kontrolliert werden. Teilweise werden auch von den Initiatoren der Fördermaßnahmen Studien angestoßen, die mit wenig Aufwand in kurzer Zeit die Bewährung des Programms aufzeigen sollen – und dies dann durch eine positive Rückmeldung der Teilnehmerinnen und Teilnehmer in der Regel auch scheinbar tun.

Um wissenschaftlich haltbare Aussagen über die Auswirkungen eines Förderprogramms treffen zu können, wäre die Durchführung kontrollierter Prä-Post-Studien mit Überprüfung der Nachhaltigkeit der Effekte erforderlich (genauer s. Stumpf, 2006; Vock, Preckel & Holling, 2007). Kausale Rückschlüsse sind nur über den Vergleich mit einer Kontrollgruppe möglich, die der Interventionsgruppe möglichst ähnlich sein sollte, aber nicht am fokussierten Förderprogramm teilnimmt; idealer Weise sollten die Probanden zufällig den beiden Gruppen zugeteilt werden, um systematische Verzerrungen zu vermeiden. Dies ist im praktischen Feld häufig nicht umsetzbar, doch gibt es einige Möglichkeiten der Versuchsplanung, um auch hier zu aussagekräftigen Vergleichsgruppen zu kommen (siehe dazu: Hager, 2000). Klar ist: Ergebnisse von Studien, die nur *eine* Personengruppe berücksichtigen, lassen genau genommen keine wertvollen Schlussfolgerungen zu, da für alle beobachteten Veränderungen nicht ausgeschlossen werden kann, dass sie auch ohne die Intervention aufgetreten wären. Etwaige Veränderungen müssen darüber hinaus durch eine zeitliche Verlaufsmessung vor und nach der Förderung ermittelt werden; retrospektive Einschätzungen von Veränderungen sind wenig zuverlässig, da sie durch bestimmte Erinnerungsstrategien beeinflusst werden (Hager & Hasselhorn, 2000).

Im Kontext der Begabtenförderung stellt sich hier die Schwierigkeit, vergleichbare Gruppen herzustellen. Vermutlich wird es nur selten gelingen, für Springerkinder solche „Zwillinge" derselben Ausgangsklasse zu finden, die hinsichtlich sämtlicher relevanter Merkmale (z. B. Alter, Geschlecht, IQ, Leistungsniveau, Lernmotivation, familiärer Bildungshintergrund) gut vergleichbar sind, aber nicht springen. Um echte Kontrollgruppen für homogene Begabtenklassen zusammen zu stellen, müssten Schülerinnen und Schüler aus zahlreichen regulären Gymnasialklassen einbezogen werden, um auf vergleichbare kognitive Fähigkeitsniveaus zu kommen; die Unterschiedlichkeit der jeweiligen Klassen würde sich dennoch auf die Ergebnisse auswirken. Insofern ist für die in Kapitel 7 resümierten Forschungsbefunde zu beachten, dass die Ergebnisse in der Regel nicht lückenlos den methodischen Anforderungen für Evaluationsstudien genügen und daher sehr zurückhaltend bzw. mit den entsprechenden Einschränkungen interpretiert werden müssen. Im Folgenden werden vorrangig die Ergebnisse von solchen Studien referiert, deren methodische Konzeption weitgehend ausreicht, um interessante Schlussfolgerungen zu ziehen. Sofern die hier vorgestellten Befunde aus Studien mit weiteren Einschränkungen stammen, wird explizit darauf verwiesen. Zusätzliche Begrenzungen ergeben sich aus der Tatsache, dass in Deutschland die Forschung zur Begabtenförderung nach wie vor nur einen geringen Stellenwert einnimmt und daher in einigen Bereichen auf Befunde anderer Nationen zurückgegriffen werden muss. Aufgrund der großen Unterschiede in den Bildungssystemen ist die Übertragbarkeit solcher Erkenntnisse zweifellos mit Einschränkungen behaftet.

7.2 Befunde zu Akzelerationsmaßnahmen

International am besten untersucht sind Akzelerationsmaßnahmen, zu denen maßnahmenübergreifend zusammenfassende Metaanalysen (siehe zum Begriff Anhang) aus den USA vorliegen. Dies ist vermutlich auf die weltweit relativ großen Vorbehalte gegenüber den Akzelerationsmaßnahmen zurückzuführen, denn vielfach wird angenommen, sie wirkten sich ungünstig auf die Kinder und Jugendlichen aus. Vorliegende Studien sollten also auch klären, inwiefern es tatsächlich zu negativen Entwicklungsverläufen bei akzelerierten Schülerinnen und Schülern kommt. Solche haben sich erfreulicher Weise insgesamt nicht bestätigt (z. B. Robinson, 2004; Rogers, 2004), sondern im Gegenteil: Akzelerationsmaßnahmen zählen häufig zu denjenigen Förderangeboten, die die größten positiven Effekte erzielen und werden daher von einigen Autoren als positivste aller Begabtenfördermaßnahmen bezeichnet (Colangelo, Assouline & Gross, 2004). Die Leistungsentwicklung verläuft bei akzelerierten Schülerinnen und Schülern durchschnittlich betrachtet deutlich positiver als bei den Vergleichsgruppen, die entweder aus gleichaltrigen Kindern einer niedrigeren Jahrgangsstufe oder aus älteren Kindern derselben Jahrgangsstufe bestehen (genauer: vgl. Stumpf, 2011; Vock, Preckel & Holling, 2007). Diese positiven Leistungsentwicklungen sind für vorzeitig eingeschulte Kinder sowie für Springer inzwischen überzeugend belegt, wohingegen generell negative Entwicklungsverläufe für beide Maßnahmen nicht bestätigt wurden.

Zwar kann es nach dem Überspringen einer Jahrgangsstufe zu einem Absinken des Leistungsniveaus kommen (Prado & Schiebel, 1996; Santl & Reitmajer, 1991), doch gelingt das Aufholen des versäumten Unterrichtsstoffs in den meisten Fällen innerhalb einiger Monate und wird von den Springerinnen und Springern nicht als belastend erlebt; die Springerinnen und Springer zählen nach kurzer Zeit wieder zum oberen Leistungsdrittel (Heinbokel, 2000). Nach Heinbokels Vermutungen sind ungünstige Leistungsentwicklungen nach dem Springen in der Regel auf eine nur durchschnittliche intellektuelle Fähigkeit (IQ < 115) zurückzuführen (Heinbokel, 2000). Aus einer Studie ergeben sich darüber hinaus Hinweise darauf, dass Vorbehalte der aufnehmenden Lehrkräfte gegenüber dem Springen und die assoziierte strengere Beurteilung der von den Springern erzielten Leistungen eine positive Leistungsentwicklung gefährden können (vgl. Vock, Preckel & Holling, 2007).

Etwas schwieriger zu beurteilen sind die Befunde hinsichtlich der sozial-emotionalen Entwicklung von akzelerierten Schülerinnen und Schülern, die nicht ganz einheitlich positiv ausfiel (vgl. Stumpf, 2011; Vock, Preckel, Holling, 2007). Während einige Studien positive Effekte hinsichtlich der Lernmotivation, des Arbeitsverhaltens sowie der Einstellungen gegenüber der Schule (Schiever & Maker, 2003; Vock, Preckel & Holling, 2007) oder zumindest keine negativen Effekte aufzeigten (im Überblick: Robinson, 2004), ergaben sich aus anderen Studien leichte Hinweise auf ungünstige Entwicklungen für Subpopulationen der akzelerierten Kinder; davon waren bei der vorzeitigen Einschulung Kinder mit zu niedrigen Intelligenzwerten (z. B. IQ < 115, vgl. Proctor, Feldhusen & Black, 1988) oder Jungen (Gagné & Gagnier, 2004, zitiert nach Robinson, 2004) betroffen; ungünstige Entwicklungsverläufe nach dem Springen wurden hingegen auf die mangelnde Anpassung der Interaktionen von Elternhaus bzw. Schule an die Bedürfnisse der Springerinnen und Springer zurückgeführt (Sayler, 1996, zitiert nach Robinson, 2004). Relativiert werden müssen diese selten aufgezeigten unerwünschten Auswirkungen daran, dass das Ausbleiben einer Akzeleration trotz Vorliegen der Ausgangsvoraussetzungen ebenfalls zu ungünstigen Entwicklungsverläufen führen kann (vgl. Robinson, 2004).

7.3 Befunde zu Enrichmentmaßnahmen

Auswirkungen von Enrichmentmaßnahmen sind insgesamt noch relativ wenig untersucht, und v. a. Studien mit aussagekräftigen Designs (z. B. Kontrollgruppen, Prä-Post-Erhebungen) fehlen weitgehend. Aus US-amerikanischen Metaanalysen (vgl. Anhang) werden Enrichmentmaßnahmen generell positive Effekte auf die schulischen Leistungen und auf die emotionale Entwicklung der Teilnehmerinnen und Teilnehmern attestiert (z. B. Lipsey und Wilson, 1993). Deutsche Studien liegen zwar sowohl zu den Wettbewerben als auch zu den Akademien und Schülerlaboren vor, beschränken sich aber weitgehend auf ein Eingruppendesign und retrospektive Befragungen. Die Teilnehmerinnen und Teilnehmer der Internationalen Schülerolympiade sowie der Deutschen SchülerAkademie beurteilten retrospektiv ihren Zuwachs an bereichsspezifischem Wissen positiv, dessen Transfer auf andere Kontexte allerdings ausblieb (z. B. Heller & Neber, 1994). Dieser wurde interessanter Weise offenbar stark durch die Art der Kursgestaltung und weniger durch die Merkmale der Teilnehmerinnen und Teilnehmer moderiert (Vock, Preckel & Holling, 2007). Positiv wurden darüber hinaus die sozialen Erfahrungen mit den anderen teilnehmenden Schülerinnen und Schülern beurteilt. Zudem bestätigen etwa 60 % der Teilnehmerinnen und Teilnehmer der Deutschen SchülerAkademie eine Präzisierung bzw. Festigung ihrer Studienfachwahlentscheidung (Vock, Preckel & Holling, 2007). Auch für die Schülerlabore fallen die (meist unmittelbaren) retrospektiven Rückmeldungen der Teilnehmerinnen und Teilnehmer in hohem Maße positiv aus, die Erwartungen werden weitgehend gut erfüllt und die Schülerinnen und Schüler sind mit Spaß bei der Sache (Stumpf, Neudecker & Schneider, 2008). Wenngleich kontrollierte Studien zwar durchaus auch positive Effekte der Schülerlabore hinsichtlich des fachbezogenen Selbstkonzepts und Interesses bestätigen, sind diese jedoch vorübergehender Natur und nivellieren sich innerhalb der ersten vier Monate nach dem Laborbesuch (Brandt, Möller & Kohse-Hoinghaus, 2008). Aus einer Pilotstudie zum Schülerlabor der DLR Oberpfaffenhofen (s. Abschnitt 6.3) ergeben sich zumindest Hinweise darauf, dass der Besuch von Schülerlaboren für überdurchschnittlich intelligente Schülerinnen und Schüler besonders geeignet sein dürfte, da diese die Maßnahme insgesamt noch positiver beurteilen als andere Schulklassen (Stumpf, Neudecker & Schneider, 2008).

7.4 Befunde zu vorübergehend separierenden Maßnahmen

Zu Pulloutmaßnahmen ist die Befundlage insgesamt noch dünner als zu den oben aufgeführten Enrichmentmaßnahmen. Da es hier in der Regel zum Unterrichtsausfall kommt, steht wiederum die Absicherung potenziell negativer Auswirkungen hinsichtlich der Entwicklung der Leistungen, aber auch hinsichtlich möglicher sozialer Repressionseffekte im Vordergrund. Nach einer Überblicksarbeit von Vaughn, Feldhusen und Asher (1991) zu urteilen, profitierten die geförderten Schülerinnen und Schüler trotz Unterrichtsausfall hinsichtlich ihrer schulischen Leistungen sowie dem kritischen und kreativen Denken deutlich von den untersuchten Pulloutmaßnahmen. Aufgrund des Platzierungsvorgangs in einer leistungs- bzw. fähigkeitshomogeneren Gruppe ist hier wiederum die Entwicklung des akademischen Selbstkonzepts von besonderem Interesse (siehe dazu Abschnitt 4.2); die Befunde hierzu sind nicht ganz einheitlich, teilweise werden positive (Vaughn, Feldhusen & Asher, 1991) und teilweise negative (Olszewski-Kubilius, 2003) Auswirkungen berichtet, die jedoch insgesamt nur gering ausgeprägt sind.

Aus den USA liegen darüber hinaus einige Studien zu Pulloutprogrammen vor, bei denen die Schülerinnen und Schüler vorzeitig Kurse an der High-School besuchen; dies ist beim weit verbreiteten „Advanced Placement", aber auch in Programmen des „dual enrollment" gegeben (s. Stumpf, 2011). Auch diese Studien sind häufig nicht kausal interpretierbar, doch eignen sie sich gut, um Vorbehalten entgegenzuwirken. Die Kursteilnehmerinnen und -teilnehmer weisen mittel- und langfristig höhere Leistungen in den jeweiligen Fächern auf als vergleichbar intelligente Schülerinnen und Schüler, die nicht an der Maßnahme teilgenommen hatten (Bailey, Hughes & Karp, 2002; Bleske-Rechek, Lubinski & Benbow, 2004; Rogers, 2004). Darüber hinaus werden günstige Einflüsse für die leistungsbezogenen Einstellungen (Swanson, 2008) sowie für die Selbstwirksamkeitserwartung (Mattis, 2008) der Kursteilnehmerinnen und -teilnehmer berichtet. Als durchaus wünschenswerte Nebeneffekte dieser Maßnahmen können die Unterstützung zur realistischeren Einschätzung der Studienfächer, der erleichterte Einstieg in ein reguläres Studium nach dem Schulabschluss sowie insbesondere die einhergehenden geringeren Abbruchquoten des regulären Studiums nach einer AP-Teilnahme angesehen werden (Bailey, Hughes & Karp, 2002; Karp, 2006; Museus, Lutovsky & Colbeck, 2007). Diese Programme sind gewiss nicht absolut mit unserem Frühstudium vergleichbar, da in den USA teilweise an den High-Schools spezielle Kurse für die Schülerinnen und Schüler angeboten werden, wohingegen unsere Frühstudierenden reguläre Universitätsveranstaltungen besuchen.

Befunde zum Frühstudium im deutschsprachigen Raum zeigen, dass die Jugendlichen vorrangig durch die Möglichkeit zur vorzeitigen Vertiefung ihrer Interessen und dem Wunsch nach Wissenserwerb zur Teilnahme motiviert werden (Solzbacher, 2008). Darüber hinaus gelingt es den Frühstudierenden insgesamt betrachtet ausgesprochen gut, die schulischen Leistungen trotz der Doppelbelastung stabil zu halten (Stumpf, 2011; Stumpf & Schneider, 2008b), was gleichzeitig als Voraussetzung für die längerfristige Teilnahme gilt. Für die Gestaltung von Auswahlverfahren sind weiterhin die Befunde von hoher Relevanz, wonach der Erfolg im Frühstudium tatsächlich sowohl von den schulischen Leistungen als auch von den kognitiven Fähigkeiten abhängig ist, wobei für den langfristigen Erfolg die Rolle der intellektuellen Fähigkeiten überwiegt (Stumpf, 2011). Weiterhin verbessert die Orientierung an fachspezifischen Kompetenzwerten die Vorhersagekraft des Erfolgs im Frühstudium (Stumpf, 2011). Dies steht jedoch im Gegensatz zur gängigen Praxis, wonach in der Regel die Zeugnisdurchschnittsnote das zentrale Kriterium für die Aufnahme zum Frühstudium darstellt und die kognitiven Kompetenzen nicht erfasst werden. Aktuelle Auswertungen anhand einer größeren Stichprobe verdeutlichen darüber hinaus die Abhängigkeit der Befundmuster zur Erfolgsprognose von den jeweiligen Studienfächern; inwiefern die kognitiven Fähigkeiten für den Erfolg ins Gewicht fallen, scheint in den Fächergruppen unterschiedlich zu sein (Stumpf, Greiner & Schneider, 2011).

7.5 Befunde zu separierender Beschulung

Auch für eine sinnvolle Einschätzung der Auswirkungen separierender Beschulung ist der Rückgriff auf internationale Studien notwendig. Hier sind insbesondere die Ergebnisse von Kulik und Kulik (1982, 1987; vgl. auch Kulik, 1992, 2003) aufschlussreich, die für deutliche positive Effekte fähigkeitsgruppierter Klassen hinsichtlich der akademischen Leistungen sprechen (vgl. auch Goldring, 1990), wobei *akzelerierte* Konzepte durchschnittlich etwa einen Leistungsvorteil von einem Schuljahr produzierten und die Effekte für *enrichmentorientierte* Gruppierungen ebenfalls positiv aber deutlich geringer ausgeprägt waren (im Überblick: Stumpf, 2011). Generell haben die Untersuchungen dieser Forscher gezeigt, dass von einer Fähigkeitsgruppierung bevorzugt überdurchschnittlich intelligente Schülerinnen und Schüler profitieren und dass sich Effekte nur dann einstellen, wenn das Curriculum an die Zielgruppe adaptiert wird (Kulik, 2003; Kulik & Kulik, 1982, 1987). Hinsichtlich der nichtkognitiven Entwicklung ist hier der unter 4.2 beschriebene „Big-fish-little-pond-Effekt" vielfach bestätigt (Kulik, 1992; Kulik & Kulik, 1982; Olszewski-Kubilius, 2003): die Platzierung in einer hochfähigen Klasse hat häufig ein Absinken des akademisches Selbstkonzept zur Folge, da dies sich in Relativierung an die relevante Bezugsgruppe entwickelt.

Befunde zu deutschen separierenden, vorrangig akzelerierenden Beschulungsmodellen für überdurchschnittlich intelligente Schülerinnen und Schüler liegen aus Baden-Württemberg (z. B. Heller, Neber, Reimann & Rindermann, 2002; Stumpf, 2011), Bayern (Schairer, Strunz, Wermuth & Bauer, 2007; Stumpf, 2011; Stumpf & Schneider, 2008a, 2009a, 2009b), Berlin (Zydatiß, 1999) und Rheinland-Pfalz (Kaiser, 1997) vor. Auch hier zeigen sich Leistungsvorteile dieser homogenen Begabtenklassen im Vergleich zu regulären Gymnasialklassen, die für den Notendurchschnitt zwischen 0.3 (Kaiser, 1997) und 1.2 (Schairer, Strunz, Wermuth & Bauer, 2007) Notenstufen ausgeprägt waren. Allerdings ist zu beachten, dass diese Leistungsunterschiede zumindest anteilig durch die Intelligenzunterschiede zwischen den untersuchten Klassenarten erklärt werden und aufgrund der methodischen Konzeption der Studien nicht kausal auf die homogene Beschulung zurückgeführt werden können, denn meist spielen auch die Schulleistungen für die Aufnahme in die Begabtenklassen ebenfalls eine entscheidende Rolle (vgl. Stumpf, 2011). Die Befunde zu den Begabtenklassen am Deutschhaus-Gymnasium Würzburg (vgl. Stumpf, 2011; Stumpf & Schneider, 2008a) sowie zu den Schellläuferklassen in Berlin (Zydatiß, 1999) verdeutlichen darüber hinaus, dass etwaige Leistungsvorteile insbesondere durch standardisierte Leistungserhebungen aufgedeckt werden können, wohingegen für die Zensurenvergabe in den Begabtenklassen offenbar teilweise etwas strengere Bewertungsmaßstäbe gelten und die Noten am Leistungsniveau der Klasse relativiert werden.

Interessante Befunde ergeben sich aus den deutschen Studien auch für die Gestaltung von Auswahlverfahren für diese Begabtenklassen. In Rheinland-Pfalz wurde dafür kein IQ-Test durchgeführt, was zur Folge hatte, dass die ausgewählten Schülerinnen und Schüler in der später durchgeführten Begleitstudie keine besseren Intelligenztestergebnisse erzielten als regulär beschulte Gymnasiasten (Kaiser, 1997). Beinhaltet die Auswahlprozedur hingegen einen Intelligenztest, so ergeben sich Intelligenzunterschiede zugunsten der Begabtenklassen von durchschnittlich etwa fünf (Stumpf, 2011) über acht (Heller, Neber, Reimann & Rindermann, 2002; Reimann & Heller, 2004) bis hin zu 25 IQ-Punkten (Preckel, Götz & Frenzel, 2010).

Die nichtkognitive Entwicklung von Schülerinnen und Schülern in homogenen Begabtenklassen wurde hierzulande nur selten systematisch untersucht. Hier fehlen aussagekräftige Studien, die mehrere Schulstandorte und Vergleichsgruppen einbeziehen noch weitgehend. Die Notwendigkeit dafür ergibt sich aus Befunden von Stumpf (2011), wonach insbesondere die nichtkognitive Entwicklung der Schülerinnen und Schüler von Standort zu Standort sehr unterschiedlichen Verläufen folgen kann (s. u.). Einige zentrale Befunde der vorliegenden Studien sollen nachfolgend aufgeführt werden.

Für Schülerinnen und Schüler von Begabtenklassen eines österreichischen Gymnasiums wurde das Absinken des *mathematischen* Selbstkonzepts (Big-fish-little-pond-Effekt) innerhalb der ersten zehn Wochen nach der Gruppierung im Vergleich zu regulären Klassen bestätigt (Preckel, Götz & Frenzel, 2010); wurde das schulische Selbstkonzept hingegen global und nicht fachspezifisch erhoben, zeigte sich dieser Befund in einer Studie zu einem bayerischen Gymnasium hingegen nicht (s. Stumpf, 2011; Stumpf & Schneider, 2009a). Darüber hinaus sollte betont werden, dass die Schülerinnen und Schüler in der Regel auch bei Auftreten des Big-fish-little-pond-Effekts kein geringeres schulisches Selbstkonzept aufweisen als regulär beschulte Gymnasiasten (s. Preckel, Götz & Frenzel, 2010) und sich in höheren Jahrgangsstufen sogar teilweise wieder Unterschiede zugunsten der homogen beschulten Schülerinnen und Schüler bestätigen ließen (Reimann, 2002).

Hinsichtlich zahlreicher anderer Faktoren (z. B. Motivation, Lern- und Arbeitsverhalten) ergaben die bislang aus dem deutschen Sprachraum vorliegenden Studien uneinheitliche Befunde; während sich im baden-württembergischen Modellversuch zum achtjährigen Gymnasium teilweise bereits zu Beginn der Sekundarstufe Unterschiede *zugunsten* der Begabtenklassen zeigten (Heller, Neber, Reimann & Rindermann, 2002; Reimann & Heller, 2004), wiesen die Schülerinnen und Schüler der Begabtenklassen eines Würzburger Gymnasiums zu diesem Zeitpunkt deutlich ungünstigere Ausprägungen in der Lern- und Leistungsmotivation sowie der Lern- und Arbeitshaltung auf (Stumpf, 2011; Stumpf & Schneider, 2009a). Aus einer ergänzenden Untersuchung im Rahmen derselben Studie (vgl. Stumpf, 2011) wurde darüber hinaus bereits deutlich, dass solche „Defizite" keineswegs typisch für in homogenen Gymnasialklassen beschulte Schülerinnen und Schüler sind. Offenbar unterliegen solche Entwicklungsprozesse relativ starken schultypischen Einflüssen, was die Notwendigkeit zur Realisierung größerer Studien unter Einbezug mehrerer Standorte untermauert. Darüber hinaus waren auch die oben erwähnten „Defizite" der Schülerinnen und Schüler des Würzburger Standortes in den oben aufgeführten leistungsrelevanten, nichtkognitiven Entwicklungsbereichen eindeutig *nicht* durch den Intelligenzunterschied zwischen den Begabtenklassen vs. regulären Gymnasialklassen bedingt; vielmehr handelte es sich hier vermutlich um spezielle Selektionseffekte, da insbesondere solche Schülerinnen und Schüler mit ungünstigen Lern- und Arbeitsstrategien für diese homogenen Begabtenklassen ausgewählt worden waren.

7.6 Befunde zur Unterrichtsgestaltung

Nachdem die Frage der Unterrichtsgestaltung für überdurchschnittlich intelligente Schülerinnen und Schüler hierzulande noch eine relativ geringe Rolle spielt (vgl. Kapitel 6.6), gibt es konsequenter Weise auch kaum fundierte Studien zu den Auswirkungen unterschiedlicher Unterrichtsdidaktiken bzw. -methodik für diese Zielgruppe. International häufiger untersucht wurde das Curriculum Compacting (vgl. Abschnitt 6.6), wofür Metaanalysen große Effekte auf die Mathematikleistung (von etwa 80 % eines Schuljahres) und schwache Effekte auf sprachliche Kompetenzen (etwa 30 % eines Schuljahres, Rogers, 2004) bestätigen. Darüber hinaus wurden der Metaanalyse von Kulik und Kulik (1984, zitiert nach Lipsey & Wilson, 1993) zufolge durch eine akzelerierte Instruktion ebenfalls große Effekte auf die Schulleistungen hochbegabter Schülerinnen und Schüler erzielt.

Fazit

Bei der Beurteilung der Wirksamkeit von Akzelerationsmaßnahmen sowie Förderprogrammen, die zu einem Unterrichtsausfall führen, steht in erster Linie der Ausschluss negativer Wirkungen auf die Entwicklung der Schülerinnen und Schüler im Vordergrund. Solche können insgesamt betrachtet als widerlegt angesehen werden, sofern es sich tatsächlich um überdurchschnittlich intelligente Kinder und Jugendliche handelt. Hinweise auf ungünstige Verläufe zeigten sich bislang lediglich für Schülerinnen und Schüler von durchschnittlicher Intelligenzausprägung, die an Akzelerationsmaßnahmen teilgenommen haben.

Während die Auswirkungen von Akzelerationsmaßnahmen durch eine breite Befundlage als recht gut gesichert angesehen werden kann, liegen für alle anderen Förderprogramme nach wie vor zu wenige aussagekräftige Studien vor, um ein einheitliches und überzeugendes Bild der erzielten Effekte zu zeichnen. Hohe Effekte sind für Akzelerationsmaßnahmen sowie für die akzelerierte, separierende Beschulung hinsichtlich der schulischen Leistungen evident; die Befundlage zu den Auswirkungen auf die nichtkognitive Entwicklung ist deutlich heterogener.

Befunde zur Unterrichtsgestaltung liegen im Kontext mit Begabtenförderung nur wenige vor, doch sind auch diese (vgl. Abschnitt 7.6) als ermutigend anzusehen. Lipsey und Wilson (1993) haben in einer Zusammenstellung der vielfältigen metaanalytischen Befunde zur Effektivität von psychologischen, pädagogischen und verhaltenstherapeutisch orientierten Interventionen gemittelte Effektstärken von mehr als 171 pädagogischen Maßnahmen aufgeführt. Davon erzielte erstaunlicher Weise die positive Verstärkung im Klassenzimmer die fast beste Effektstärke. Auch wenn diese Studien meist nicht speziell für hochbegabte Schülerinnen und Schüler zugeschnitten waren, besticht dieses Ergebnis doch nicht nur durch die Intensität der Wirkung, sondern auch wegen der Schlichtheit des Konzepts, der Kostenneutralität und des Wirkungsradius (vgl. auch Rost, 2007a). Für die übergreifende Diskussion zur Begabtenförderung sollten diese Befunde daher deutlich stärker berücksichtigt werden.

8
Schlussfolgerungen und Empfehlungen zur Begabtenförderung

Auf welche Weise wir hochbegabte Kinder und Jugendliche fördern sollten, kann nicht einfach und keinesfalls einheitlich beantwortet werden. Dennoch können aus den bisherigen Ausführungen zur Entwicklung von Hochbegabung und Hochbegabten sowie zu den Wirksamkeitsbefunden der Begabtenfördermaßnahmen einige zentrale Schlussfolgerungen gezogen werden, die für die Planung und Auswahl von Förderangeboten beherzigt werden sollten. In diesem Zusammenhang werden nachfolgend auch weiterführende Überlegungen in das abschließende Kapitel eingebettet, die die Thematik sinnvoll ergänzen und abrunden sollen.

Besonderes Anliegen dieser Publikation ist der Anspruch, die Begabtenförderung gezielt durch theoretische und wissenschaftliche Basis zu fundieren. Diese Forderung ist auch für die praktische Umsetzung der Begabtenförderung aufrecht zu erhalten. Dazu wurde ein zwar komprimiertes, aber vergleichsweise breites Grundwissen zu relevanten Themen vermittelt; gleichwohl hätten sämtliche Kapitel dieses Bandes weitaus ausführlicher gestaltet werden können, damit jedoch den geplanten Umfang bei weitem gesprengt. Insofern seien interessierte Leserinnen und Leser ermutigt, sich mit einzelnen Themengebieten vertiefend zu befassen; die Literaturverweise sollten eine schnelle und erfolgreiche Recherche ermöglichen.

Wie in Kapitel 1 deutlich wurde, existiert kein einheitliches Hochbegabungskonstrukt, weshalb die theoretische Einordnung von Fördermaßnahmen in ein Hochbegabungsmodell im Zuge der Planung und Auswahl dringend erforderlich ist. Dieses Hochbegabungsmodell wirkt dann richtungsweisend für die Diagnostik und für die Gestaltung der Förderung. Aus mehreren Gründen empfiehlt es sich, Hochbegabung als überdurchschnittliche Intelligenzausprägung zu definieren, denn auf diesem Weg kann auf klare diagnostische Auswahlstrategien, zahlreiche hochelaborierte Testverfahren sowie auf eine unvergleichlich große Fülle an überzeugenden Forschungsbefunden zurückgegriffen werden. Folgt man dieser Definition, so zeigen bisherige Studien zwei Befunde auf, die für die Leitfrage einer möglichst optimalen Förderung von übergeordneter Bedeutung sind: *Erstens* kann die intellektuelle Hochbegabung in den ersten Lebensjahren bislang nicht ausreichend verlässlich festgestellt werden, so dass Testergebnisse von jüngeren Kindern möglichst keine weitreichenden bzw. langfristige Konsequenzen nach sich ziehen sollten. *Zweitens* ist Begabtenförderung vorrangig stärkenorientiert zu gestalten, da hochbegabte Kinder und Jugendliche durchschnittlich betrachtet auch hinsichtlich ihrer nichtkognitiven Entwicklung durch ihre Kompetenzen beeindrucken, sofern sich überhaupt systematische Unterschiede zu durchschnittlich intelligenten Gleichaltrigen zeigen lassen. Auf (vermutete) Defizite abzielende Förderangebote, wie die Förderung von Lern- und Arbeitsstrategien, können ggf. ergänzend dort hilfreich sein, wo sich eine Häufung solcher Fälle nachweisen lässt, die gewiss aufgrund der sehr geringen Prävalenzen genau genommen nur bei einer speziellen Gruppierung dieser Zielpopulation zu erwarten wären. Nichtsdestoweniger ist Begabtenförderung nicht nur wichtig und notwendig, sondern durch das gesetzlich verankerte Recht auf individuelle Förderung auch gesellschaftspolitische Aufgabe.

Der oben erstgenannte Befund bezüglich der geringen Stabilität der Intelligenztestergebnisse aus den ersten Lebensjahren ist von unmittelbarer Relevanz für die vorschulische Förderung und vorzeitige Einschulung; hiernach ist eine weit reichende Selektion der Kinder auf der Basis von Testergebnissen in dieser Altersspanne nicht vertretbar. Vorschulische Förderung wird bislang erfreulicher Weise vorrangig eher als offenes Angebot realisiert, indem *allen* Kindern eines Kindergartens vielfältige Förderangebote zur Verfügung stehen, die dann möglicher Weise von hochintelligenten Kindern häufiger in Anspruch genommen werden als von anderen Kindern. Darüber hinaus ist der Trend zu beobachten, jüngeren Kindern eine eher breite Förderung zukommen zu lassen und erst im Jugendalter stark fachspezifische Angebote darzubieten. Diese Praxis korrespondiert sehr gut mit Befunden zur Interessenentwicklung, die sich bereits in der Adoleszenz auf eine Fachrichtung verengen und bis zum frühen Erwachsenenalter weiter konkretisieren (vgl. Todt & Schreiber, 1998).

Für die vorzeitige Einschulung ergibt sich ein Dilemma, denn die in Kapitel 7 referierten Befunde sprechen dafür, die Entscheidung für eine Akzeleration möglichst durch eine Intelligenzdiagnostik abzusichern, was rein schulrechtlich nicht zwingend vorgegeben ist. Für die Testung sprechen die Befunde, wonach eine „nur" durchschnittliche Intelligenzausprägung sowohl für die vorzeitige Einschulung als auch für das Überspringen einerseits als Risikofaktor für das Gelingen der Akzeleration angesehen werden muss, andererseits ausschließlich durch eine standardisierte Testdiagnostik ausreichend sicher festgestellt werden kann (s. Kapitel 2), die sich aber im Vorschulalter aufgrund der geringen Stabilität für langfristige Prognosen mäßig eignet (s. Kapitel 3). Auf Basis der hier vorgestellten Forschungsergebnisse zur vorzeitigen Einschulung darf dennoch von der Eignung der Maßnahme – insbesondere bei Mädchen – ausgegangen werden, was über die Intelligenzdiagnostik noch besser abgesichert werden könnte. Selbstredend wird ein einzelnes Testergebnis im komplexen Entscheidungsprozess für oder wider eine Akzelerationsmaßnahme nur *einen* Baustein darstellen. Welche weitere Faktoren zu berücksichtigen sind, wurde von anderen Autorinnen und Autoren bereits detailliert diskutiert (vgl. Heinbokel, 2009; Vock, Preckel & Holling, 2007).

Zur übergeordneten Beurteilung der Begabtenfördermaßnahmen bleibt festzuhalten, dass sich für alle hier vorgestellten Programme positive Fördereffekte aufzeigen lassen, die vorwiegend die schulischen

Leistungen der Schülerinnen und Schüler betreffen. Akzelerationsmaßnahmen überzeugen insgesamt betrachtet aus drei Gründen besonders: Erstens erzielen sie deutlich bessere Effekte als die gängigen anderen evaluierten Begabtenförderprogramme, zweitens ist ihre Passung mit den kognitiven Entwicklungsbesonderheiten hochbegabter Schülerinnen und Schüler besonders augenfällig und drittens können sie meist ökonomisch umgesetzt werden.

Ebenfalls weitgehend positive Befunde konnten für die separierende Beschulung aufgezeigt werden, und auch hier kann eine gute Passung der Förderung an die Besonderheiten hochbegabter Schülerinnen und Schüler erzielt werden; allerdings dürfte sie mit zu den aufwändigsten und kostenintensivsten Maßnahmen zählen. Insbesondere deswegen sollten zukünftige Studien zu deutschen Standorten noch deutlich besser klären, welche Effekte hierdurch erwartet werden dürfen. Es erscheint durchaus plausibel, dass diese intensiven Fördermaßnahmen geeignet sind, Entwicklungseffekte anzustoßen, die noch über die bislang erforschten Effekte hinaus gehen – eine Herausforderung für die Wissenschaft. Kritisch zu betrachten ist noch die Gestaltung der Auswahlverfahren bzw. die mangelnde Objektivität und Transparenz der konkreten Aufnahmeentscheidung. Darüber hinaus sollte eine strengere Leistungsbeurteilung in homogenen Begabtenklassen – im Sinne einer Relativierung am hohen Leistungspotenzial der Klasse – keine Nachteile für die Schülerinnen und Schüler nach sich ziehen; vielmehr ist zu gewährleisten, dass die Zeugnisnoten am Anforderungsniveau regulärer Klassen orientiert werden. Bleibt dies aus, können sich in Wettbewerbssituationen mit regulär beschulten Gymnasiasten Nachteile für die Schülerinnen und Schüler der Begabtenklassen ergeben. Dieser Effekt wurde sehr eindrücklich deutlich, als sich zehn Schülerinnen und Schüler einer gymnasialen Begabtenklasse für unser Frühstudium bewarben. Obwohl diese hinsichtlich der intellektuellen Fähigkeiten und dem fachspezifischen Vorwissen sehr gut mit den Frühstudierenden regulärer Gymnasien vergleichbar waren, wiesen sie deutlich schlechtere Zeugnisnoten auf (durchschnittliche Differenz 0.4 Notenstufen, vgl. Stumpf, 2011). Da aus der eigenen Studie zu diesen Begabtenklassen die strengere Leistungsbewertung bekannt war, konnte dies für die Aufnahme ins Frühstudium relativiert werden. Es ist jedoch zu befürchten, dass dieser über die Zeugnisse kommunizierte Leistungsunterschied bei der Bewerbung an anderen Hochschulen sowie im Wettbewerb um Stipendien oder andere Förderprogramme den Jugendlichen zum Nachteil gereichen würde.

Einige Überlegungen zur Separations-Inklusions-Kontroverse sollen hier ebenfalls kurz aufgegriffen werden, ohne sie sehr detailliert zu behandeln (zu Vor- und Nachteilen siehe Vock, Preckel & Holling, 2007). Gegner der separierenden Begabtenförderung führen gerne die Befunde von Rost (1991b) an, wonach regulär beschulte hochbegabte Jugendliche selbst eine Separation ablehnen. Zur Relativierung dieses Befunds wäre eine vergleichbare Rückmeldung von Schülerinnen und Schülern in homogenen Begabtenklassen bzw. Spezialschulen von Interesse. Andere Studien deuten zumindest darauf hin, dass bevorzugt solche Kinder für eine Begabtenklasse vorgeschlagen werden, bei denen es im Verlauf der Grundschulzeit überproportional häufig zu Problemen kam (vgl. Stumpf & Schneider, 2009b). Möglicherweise hätte ein großer Teil dieser Kinder im regulären Gymnasium nur geringe Erfolgsaussichten. Damit korrespondieren die Rückmeldungen der Anbieter, wonach die Schülerschaft in homogenen Begabtenklassen hochgradig heterogen ist (vgl. Barthel, 2008; Hackl, 2008). Doch auch hierzu stehen verlässliche Befunde noch aus. Im Kontext der Separations-Inklusions-Kontroverse ist darüber hinaus kritisch zu hinterfragen, was genau im Falle der Begabtenförderung eigentlich das Pendant zur Separation bedeutet; denn im Unterschied zur Förderung von Kindern mit Behinderungen bedeutet „nicht separieren" in der Begabtenförderung noch überwiegend das „Mitlaufen im regulären Klassenverband"; in der überwiegenden Mehrzahl dieser Fälle im Regelschulsystem greifen keinerlei spezifische Fördermaßnahmen, die auf das hohe kognitive Potenzial der Schülerinnen und Schüler abgestimmt sind. Glücklicherweise dürfen wir auf Basis der methodisch anspruchsvollen Studie von Rost davon ausgehen, dass die Mehrheit der hochbegabten Schülerinnen und Schüler dennoch erfolgreich das reguläre Schulsystem durchläuft. Nichtsdestotrotz können ergänzend separierende Modelle sowohl eine gezieltere und anspruchsvollere Förderung der hochleistungsfähigen als auch der im Regelschulsystem mit Problemen konfrontierten Schülerinnen und Schüler bieten. Weiterführend stehen sich in dieser Kontroverse pädagogische Grundprinzipien (Recht auf individuelle Förderung) und die Kosten-Nutzen-Relation gegenüber; letztere kann bislang aufgrund der unzureichenden Datenbasis noch nicht mit ausreichender Sicherheit beurteilt werden. Letztlich werden auch aussagekräftige Befunde zu dieser Debatte nicht eindeutig für oder gegen die eine oder andere Sozialform sprechen, sondern es werden sich jeweils spezifische Profite (z. B. Leistungsvorteile für separierende Modelle) und Kosten (Einbußen im akademischen Selbstkonzept) in der Entwicklung der Schülerinnen und Schüler zeigen lassen, die an den erforderlichen Ressourcen, aber auch an pädagogischen Grundwerten abgewogen werden müssen.

Zu den Auswirkungen klassischer Enrichmentmaßnahmen und vorübergehend separierender Fördermaßnahmen liegen insgesamt betrachtet noch vergleichsweise wenige belastbare Befunde vor. Schülerwettbewerbe und das Frühstudium beeindrucken durch ihr hohes Anspruchsniveau und die fachliche Vielfalt der Möglichkeiten. Hinsichtlich der Ökonomie sind deutliche Unterschiede zugunsten des Frühstudiums zu verzeichnen. Für das Frühstudium zeigte sich – wie auch für sie separierende Beschulung – die Notwendigkeit zur empirischen Absicherung der Auswahlverfahren. Momentan werden diese Entscheidungen an den meisten Hochschulen noch bevorzugt am Notendurchschnitt der Bewerberinnen und Bewerber orientiert. Erste Ergebnisse hierzu verdeutlichen hingegen die höhere Vorhersagekraft der intellektuellen Fähigkeiten sowie die bessere Eignung fachspezifischer Konstrukte für den langfristigen Erfolg (vgl. Kapitel 7.4).

Nicht selten schwingt bei den Pulloutmaßnahmen die Sorge von Eltern oder Lehrkräften mit, ob der resultierende Unterrichtsausfall auch kompensiert werden kann. Auf Basis der hier vorgestellten Forschungslage sowie der eigenen langjährigen Erfahrungen führt der Unterrichtsausfall in aller Regel nicht zu Wissenslücken oder Leistungsproblemen, sofern es sich tatsächlich um Schülerinnen und Schüler mit überdurchschnittlichen Fähigkeiten handelt. Nichtsdestotrotz ist dieser Problematik auch in der Umsetzung der Pulloutmaßnahme erhöhte Aufmerksamkeit zu schenken, und eine Gefährdung der schulischen Leistungsentwicklung müsste so gut wie möglich ausgeschlossen werden. Im Frühstudium an der Universität Würzburg wird dies insofern gewährleistet, als die Jugendlichen die Fortsetzung des Frühstudiums für jedes Semester unter Vorlage des aktuellen Zeugnisses beantragen müssen; auf diese Weise erhalten wir Einblick in die schulische Leistungsentwicklung und können ggf. intervenieren. In den wenigen Fällen, bei denen es tatsächlich zum Absinken der Schulleistungen kommt, werden im Rahmen von Gesprächen klare Absprachen getroffen, bei denen Schule und Elternhaus einbezogen werden und der schulischen Leistungsentwicklung stets Priorität eingeräumt wird. Dies kann auch dazu führen, dass das Frühstudium vorübergehend nicht fortgesetzt werden darf, wobei dem Schüler bzw. der Schülerin klare Bedingungen für den Wiedereinstieg zu einem späteren Zeitpunkt kommuniziert werden.

Neben den hier aufgeführten Befunden und Überlegungen zur Wirksamkeit einzelner Begabtenfördermaßnahmen wird noch viel zu selten die Frage der differenziellen Wirksamkeit aufgegriffen. Wünschenswert wären genauere Kenntnisse darüber, welche Fördermaßnahmen für welche Zielgruppen besonders geeignet sind. Hierbei wird es sich stets um mehrdimensionale Indikationen handeln, was die Thematik so komplex werden lässt. Für die Praxis hätten solche differenzierten Erkenntnisse dennoch weitreichenden Nutzen. In diesem Zusammenhang wird einmal mehr die Bedeutung der Zielgruppenklärung in der Begabtenförderung hervorgehoben.

Das größte Potenzial der Begabtenförderung steckt höchst wahrscheinlich in der Unterrichtsgestaltung, die gleichzeitig die beste Breitenwirkung erzielen wird. Die pädagogischen Fachdisziplinen sind aufgerufen, dieses Feld weiter zu bearbeiten – erste Orientierungsmarken sind aus Schulen mit Begabtenförderprojekten und aus anderen Nationen verfügbar (vgl. Abschnitt 6.6). Eine Reform der Lehramtsausbildung kann als langfristiges Ziel angesehen werden, um die zukünftigen Lehrpersonen mit den erforderlichen Kompetenzen auszustatten. Parallel hierzu müsste das relevante Wissen dringend auch im Rahmen gezielter Weiterbildungsmaßnahmen für amtierende Lehrkräfte vermittelt werden, um die Dynamik der Wirkungen schneller in Gang zu bringen. Vergleichbare Forderungen stellt Köller (2011) auf Basis seiner Analyse verschiedenster Determinanten für erfolgreiches Lernen auf.

Für ein abschließendes Resümee zur Begabtenförderung in Deutschland bleibt festzuhalten, dass engagierte Pädagogen, Lehrkräfte, Psychologen, Eltern und Vertreter anderer Gruppen in den letzten 20 Jahren zu einer enormen Entwicklung beigetragen haben. Während Begabtenförderung Ende der 1980er Jahre noch fast als Tabu und um die Jahrtausendwende herum noch eher als Ausnahmethema zu bezeichnen war, wurde seitdem vieles wettgemacht und die Begabtenförderung in Deutschland ist heute den Kinderschuhen spürbar entwachsen. Mit dieser Entwicklung geht ein verändertes Selbstbewusstsein einher; gleichzeitig sollten wir das vorhandene Fundament an praktischen Förderprojekten und verfügbaren theoretischen und empirischen Grundlagen als neue Verantwortung zu mehr Qualität begreifen. Für eine qualitative Weiterentwicklung der Begabtenförderung ist die *kritische* Reflexion des bisher Erreichten die Ausgangsbasis; ein Zugewinn an Qualität erfordert darüber hinaus auch die strengere Verzahnung der drei Säulen theoretischen Wissens, empirischer Befunde und praktischer Maßnahmen. In diesem Sinne sind sowohl praktische Fördermaßnahmen als auch wissenschaftliche Studien enger an einem Hochbegabungsmodell zu orientieren; darüber hinaus dürfen verfügbare empirische Befunde nicht einfach ignoriert werden. Unser heute vergleichsweise breites Fundament erlaubt auch eine bessere Differenzierung in der Begabtenförderung, die über die Klärung der Zielgruppen gewährleistet werden sollte. Ziel der Evaluationsforschung sollte werden, im Rahmen größerer Studien aussagekräftige und generalisierbare Erkenntnisse zu gewinnen; die Begleitforschung von Einzelprojekten ist hingegen nur wenig geeignet, um tatsächlich *neue* Erkenntnisse zu generieren.

In der Begabtenförderung steckt großes Potenzial – für die geförderten Kinder und Jugendlichen, für die Gesellschaft, aber auch für die Anbieter. So wird die Begabtenförderung vielfach als Motor für die Schulentwicklung betrachtet. In der Unterrichtsgestaltung kann sowohl die größte Chance als auch die größte Herausforderung der Begabtenförderung gesehen werden, der sich die deutschen Schulen in den nächsten Jahren stellen müssen. In diesem Zuge gewinnt die Aus- und Weiterbildung von Lehrkräften übergeordnete Priorität.

Literatur

Ackeren, I. van (2008): Nationale Spitzenleistungen – internationale Leistungsspitze? Eine Sichtung von Lernerträgen besonders leistungsstarker Jugendlicher. In: H. Ullrich & S. Strunck (Hrsg.), *Begabtenförderung an Gymnasien. Entwicklungen, Befunde, Perspektiven* (S. 37–59). Wiesbaden: VS Verlag für Sozialwissenschaften.

Ackerman, Ph. L. & Heggestad, E. D. (1997): Intelligence, personality, and interests: Evidence for overlapping traits. *Psychological Bulletin, 121*, pp. 219–245.

Bailey, T. R., Hughes, K. L. & Karp, M. M. (2002): *What role can dual enrollment programs play in easing the transition between high school and postsecondary education?* Columbia: Community College Research Center, Columbia University. Verfügbar unter: http://www.inpathways.net/dualcredit.pdf [Zugriff am 31. 12. 2008].

Barthel, A. (2008): Formen des Lernens an der Internatsschule Schloss Hansenberg: Zur Unterrichtsgestaltung an einem Begabteninternat. In: H. Ullrich & S. Strunck (Hrsg.), *Begabtenförderung an Gymnasien. Entwicklungen, Befunde, Perspektiven* (S. 187–197). Wiesbaden: VS Verlag für Sozialwissenschaften.

Betts, G. T. (2008): Das Autonome Lernermodell: Individualisierter Unterricht (USA). In: C. Fischer, F. J. Mönks & U. Westphal (Hrsg.), *Individuelle Förderung: Begabungen entfalten – Persönlichkeit entwickeln. Allgemeine Förder- und Förderkonzepte. Schriftenreihe des ICBF Münster Begabungsforschung* (S. 42–52). Berlin: Lit Verlag.

Billhardt, J. (1996): *Hochbegabte*. München: Lexika Verlag.

Billhardt, J. (2006): *Hochbegabte – die verkannte Minderheit*. Würzburg: Lexika-Verlag.

Birbaumer, N. & Schmidt, R. (1996): *Biologische Psychologie*. Berlin: Springer.

Bjorklund, D. F. & Schneider, W. (2006): Ursprung, Veränderung und Stabilität der Intelligenz im Kindesalter: Entwicklungspsychologische Perspektiven. In: W. Schneider & B. Sodian (Hrsg.), *Enzyklopädie der Psychologie, Themenbereich C, Serie V, Band 2 Kognitive Entwicklung* (S. 769–821). Göttingen: Hogrefe.

Bleske-Rechek, A., Lubinski, D. & Benbow, C. P. (2004): Meeting the educational needs of special populations. Advanced placement's role in developing exceptional human capital. *American Psychological Society, 15*, 217–224.

Bloom, B. S. (1985): Generalizations about talent development. In B. S. Bloom (Ed.), *Developing Talent in Young People* (pp. 507–549). New York: Ballantine Books.

Bös, K. & Schneider, W. (1997): *Talententwicklung im Tennis: Eine Reanalyse der Heidelberger Längsschnittstudie.* Schorndorf: Hofmann.

Brandt, A., Möller, J. & Kohse-Höinghaus, K. (2008): Was bewirken ausserschulische Experimentierlabors? Ein Kontrollgruppenexperiment mit Follow up-Erhebung zu Effekten auf Selbstkonzept und Interesse. *Zeitschrift für Pädagogische Psychologie, 22 (1)*, 5–12.

Buch, S. R., Sparfeldt, J. S. & Rost, D. H. (2006): Eltern beurteilen die Entwicklung ihrer hochbegabten Kinder. *Zeitschrift für Entwicklungspsychologie und Pädagogische Psychologie, 38*, 53–61.

Bundesministerium für Bildung und Forschung (2010a): *Begabte Kinder finden und fördern. Ein Ratgeber für Elternhaus und Schule.* Bonn: BMBF publik.

Bundesministerium für Bildung und Forschung (2010b): *Bildung in Deutschland. Ein indikatorengestützter Bericht mit einer Analyse zu Perspektiven des Bildungswesens im demographischen Wandel.* Bielefeld: Bertelsmann.

Colangelo, N., Assouline, S. G. & Gross, M. U. M. (2004): *Eine betrogene Nation: Wie Schulen die besten Schüler Amerikas bremsen. Der Templeton nationale Akzelerationsbericht.* Iowa: The University of Iowa. Verfügbar unter: http://www.accelerationinstitute.org/Nation_Deceived/International/ND_v1_de.pdf [Zugriff am 28.01.2009].

Colombo, J., Shaddy, D. J., Blaga, O. M., Anderson, Ch. J. & Kannass, K. N. (2009): High cognitive ability in infancy and early childhood. In: F. D. Horowitz, R. F. Subotnik & D. J. Matthews (Eds.), *The development of giftedness and talent across the life span* (pp. 23–42). Washington: American Psychological Association.

Cox, C. (1926): *Genetic studies of genius: The early mental traits of three hundred geniuses.* Stanford: Stanford University Press.

Davidson, J. E. & Sternberg, R. J. (1984): The role of insight in giftedness. *Gifted Child Quarterly, 28*, 58–64.

Ehm, J.-H. (2009): *Hochbegabte Underachiever. Befunde aus dem Modellprojekt „Förderklasse für hochbegabte Schülerinnen und Schüler" am Deutschhaus-Gymnasium Würzburg*. Unveröff. Dipl.-Arbeit, Julius-Maximilians-Universität, Würzburg.

Engeln, K. & Euler, M. (2004): Forschen statt Pauken. Aktives Lernen im Schülerlabor. *Physik Journal, 3* (11), 45–48.

Ericsson, K. A., Krampe, R. Th. & Tesch-Römer, C. (1993): The role of deliberate practice in the acquisition of expert performance. *Psychological Review, 100*, 363–406.

Feldhusen, J. F. & Jarwan, F. A. (2002): Identification of Gifted and Talented Youth for Educational Programs. In: K. A. Heller, F. J. Mönks, R. J. Sternberg & R. F. Subotnik (Eds.), *International Handbook of Giftedness and Talent* (2nd ed., pp. 271–282). Oxford: Elsevier.

Fischer, Ch. (2008): Strategien Selbstregulierten Lernens in der Begabtenförderung. *Diskurs Kindheits- und Jugendforschung, 1,* 41–51.

Flynn, J. R. (1987): Massive IQ gains in 14 nations: What IQ tests really measure. *Psychological Bulletin, 101*, 171–191.

Flynn, J. R. (1999): Searching for justice. The discovery of IQ gains over time. *American Psychologist, 54*, 5–20.

Förderer, G. (2008): Qualitätsmerkmale eines begabungsfördernden Unterrichts: Ziele, Merkmale und Management. *Labyrinth, 65.*

Freeman, J. (1983): Emotional problems of the gifted child. *Journal of Child Psychology and Psychiatry, 24*, 481–485.

Freeman, J. (2001): *Gifted children grown up*. London: David Fulton Publishers.

Freeman, J. (2010): Hochbegabte und Nicht-Hochbegabte: Ergebnisse einer über 35 Jahre laufenden Kontrollgruppenstudie. In: D. H. Rost (Hrsg.), *Intelligenz, Hochbegabung, Vorschulerziehung, Bildungsbenachteiligung* (S. 85–124). Münster: Waxmann.

Freund-Braier, I. (2000): Persönlichkeitsmerkmale. In: D. H. Rost (Hrsg.), *Hochbegabte und hochleistende Jugendliche* (S. 161–210). Münster: Waxmann.

Gagné, F. (2003): Transforming gifts into talents: The DMGT as a developmental theory. In: N. Colangelo & G. A. Davis (Eds.), *Handbook of gifted education* (3rd ed., pp. 60–73). Boston: Allyn and Bacon.

Gardyan, H.-J. (2008): Individuelle Hochbegabtenförderung in segregativen und integrativen Lernverbänden der Sekundarstufe II. In: H. Ullrich & S.

Strunck (Hrsg.), *Begabtenförderung an Gymnasien. Entwicklungen, Befunde, Perspektiven* (S. 266–291).Wiesbaden: VS Verlag für Sozialwissenschaften.

Gear, G. H. (1976): Accuracy of teacher judgment in identifying intellectually gifted children: A review of the literature. *Gifted Child Quarterly, 20,* 478–490.

Goldring, E. B. (1990): Assessing the status of information on classroom organisational frameworks for gifted students. *Journal of Educational Research, 83,* 313–326.

Gottfried, A. W., Gottfried, A. E., Bathurst, K. & Guerin, D. W. (1994): *Gifted IQ: Early developmental aspects. The fullerton longitudinal study.* New York: New York.

Gottfried, A. W., Gottfried, A. E. & Wright Guerin, D. (2009): Issues in early prediction and identification of intellectual giftedness. In: F. D. Horowitz, R. F. Subotnik & D. J. Matthews (Eds.), *The development of giftedness and talent across the life span* (pp. 43–56). Washington, DC: American Psychological Association.

Gross, M. U. M. (1997): How ability grouping turns big fish into little fish – or does it? Of optical illusions and optimal environments. *Australasian Journal of Gifted Education, 6* (2), 18–30.

Gross, M. U. M. (2002): Issues in the cognitive development of exceptionally and profoundly gifted individuals. In: K. A. Heller, F. J. Mönks, R. F. Sternberg & R. F. Subotnik (Eds.), *International handbook of giftedness and talent* (2nd ed., pp. 179–192). Oxford: Elsevier.

Häcker, H. & Stapf, K. (Hrsg.) (1998): *Dorsch Psychologisches Wörterbuch.* Göttingen: Verlag Hans Huber.

Hackl, A. (2008): Profilklassen – Modellprojekt Begabtenförderung. In: Ch. Fischer, F. J. Mönks & U. Westphal (Hrsg.), *Individuelle Förderung: Begabungen entfalten – Persönlichkeit entwickeln. Allgemeine Forder- und Förderkonzepte* (S. 253–265). Münster: Lit.

Hager, W. (2000): Planung von Untersuchungen zur Prüfung von Wirksamkeits- und Wirksamkeitsunterschiedshypothesen. In: W. Hager, J.-L. Patry & H. Brezing (Hrsg.), *Evaluation psychologischer Interventionsmaßnahmen. Standards und Kriterien: Ein Handbuch* (S. 203–239). Bern: Hans Huber.

Hager, W. & Hasselhorn, M. (2000): Psychologische Interventionsmaßnahmen: Was sollen sie bewirken können? In: W. Hager, J.-L. Patry & H. Brezing (Hrsg.), *Evaluation psychologischer Interventionsmaßnahmen. Standards und Kriterien: Ein Handbuch* (S. 41–85). Bern: Hans Huber.

Hanses, P. & Rost, D. H. (1998): Das „Drama" der hochbegabten Underachiever – „Gewöhnliche" oder „außergewöhnliche" Underachiever? *Zeitschrift für Pädagogische Psychologie, 12*, 53–71.

Hany, E. A. (1987): Psychometrische Probleme bei der Identifikation Hochbegabter. *Zeitschrift für Differentielle und Diagnostische Psychologie, 8*, 173–191.

Haynes, N. M., Hamilton-Lee, M. & Comer, J. P. (1988): Differences in self-concept among high, average, and low achieving high school sophomores. *Journal of Social Psychology, 128*, 259–264.

Heinbokel, A. (2000): Gehupft wie gesprungen: Was nützt das Überspringen? In: H. Wagner, (Hrsg.), *Begabung und Leistung in der Schule. Modelle der Begabtenförderung in der Praxis* (2. Aufl., S. 153–170). Bad Honnef: K. H. Bock.

Heinbokel, A. (2004): Überspringen von Klassen. In: E. Schumacher (Hrsg.), *Übergänge in Bildung und Ausbildung* (S. 233–251). Bad Heilbrunn: Klinkhardt-Verlag.

Heinbokel, A. (2009): *Handbuch Akzeleration. Was Hochbegabten nützt.* Münster: Lit.

Heller, K. A. (Hrsg.) (2000): *Begabungsdiagnostik in der Schul- und Erziehungsberatung* (2. Aufl.). Göttingen: Verlag Hans Huber.

Heller, K. A. (2001): Projektziele, Untersuchungsergebnisse und praktische Konsequenzen. In: K. A. Heller (Hrsg.), *Hochbegabung im Kindes- und Jugendalter* (S. 21–40). Göttingen: Hogrefe.

Heller, K. A. (Hrsg.) (2002): *Begabtenförderung im Gymnasium. Ergebnisse einer zehnjährigen Längsschnittstudie.* Opladen: Leske + Budrich.

Heller, K. A. & Neber, H. (1994): *Evaluationsstudie zu den Schülerakademien 1993.* Bundesministerium für Bildung und Wissenschaft.

Heller, K. A., Neber, H., Reimann, R. & Rindermann, H. (2002): Zusammenfassung der Untersuchungsergebnisse. In: K. A. Heller (Hrsg.), *Begabtenförderung im Gymnasium. Ergebnisse einer zehnjährigen Längsschnittstudie* (S. 217–234). Opladen: Leske + Budrich.

Heller, K. A. & Perleth, C. (2000a): Informationsquellen und Messinstrumente. In: K. A. Heller (Hrsg.), *Lehrbuch Begabungsdiagnostik in der Schul- und Erziehungsberatung* (S. 96–216). Bern: Verlag Hans Huber.

Heller, K. A. & Perleth, C. (2000b): *Kognitiver Fähigkeitstest für 4. bis 12. Klassen, Revision.* Weinheim: Beltz.

Heller, K. A. & Perleth, C. (Hrsg.) (2007a): *Münchner Hochbegabungstestbatterie*. Göttingen: Hogrefe.

Heller, K. A. & Perleth, C. (2007b): Talentförderung und Hochbegabtenberatung in Deutschland. In: K. A. Heller & A. Ziegler (Hrsg.), *Begabt sein in Deutschland* (S. 139–170). Berlin: Lit Verlag.

Heller, K. A., Reimann, R. & Rindermann, H. (2002): Theoretische und methodische Grundlagen der Evaluationsstudie. In: K. A. Heller (Hrsg.), *Begabtenförderung im Gymnasium. Ergebnisse einer zehnjährigen Längsschnittstudie* (S. 53–80). Opladen: Leske + Budrich.

Hellert, U. (2008): SECUNDUM – die Hochbegabtenförderung ist in der Zukunft der Schulentwicklung angekommen. In: H. Ullrich & S. Strunck (Hrsg.), *Begabtenförderung an Gymnasien. Entwicklungen, Befunde, Perspektiven* (S. 121–134).Wiesbaden: VS Verlag für Sozialwissenschaften.

Helmke, A., Rindermann, H. & Schrader, F.-W. (2008): Wirkfaktoren akademischer Leistungen in Schule und Hochschule. In: W. Schneider & M. Hasselhorn (Hrsg.), *Handbuch Pädagogische Psychologie* (S. 145–155). Göttingen: Hogrefe.

Henze, G., Sandfuchs, U. & Zumhasch, C. (2006): *Integration hochbegabter Grundschüler. Längsschnittuntersuchung zu einem Schulversuch*. Bad Heilbrunn: Klinkhardt.

Holling, H. & Kanning, U. P. (1999): *Hochbegabung. Forschungsergebnisse und Fördermöglichkeiten*. Göttingen: Hogrefe.

Holling, H., Preckel, F. & Vock, M. (2004): *Intelligenzdiagnostik*. Göttingen: Hogrefe.

Holling, H. Preckel, F., Vock, M. & Schulze Willbrenning, B. (2004): *Schulische Begabtenförderung in den Ländern. Maßnahmen und Tendenzen*. Bund-Länder-Kommission für Bildungsplanung und Forschungsförderung; Psychologisches Institut (Münster, Westfalen, 4).

Honzik, M. P., Macfarlane, J. W. & Allen, L. (1948): The stability of mental test performance between two and eighteen years. *Journal of Experimental Education, 17*, 309–324.

Horsch, H., Müller, G. & Spicher, H.-J. (2005): *Hoch begabt – und trotzdem glücklich. Was Eltern, Kindergarten und Schule tun können, damit die klügsten Kinder nicht die Dummen sind.* Ratingen: Oberstebrink.

Jäger, A. O. (1982): Mehrmodale Klassifikation von Intelligenzleistungen. Experimentell kontrollierte Weiterentwicklung eines deskriptiven Intelligenzstrukturmodells. *Diagnostica, 28*, 195–226.

Jäger, A. O., Holling, H., Preckel, F., Schulze, R., Vock, M., Süß, H.-M. & Beaducel, A. (2006): *Berliner Intelligenzstrukturtest für Jugendliche: Begabungs- und Hochbegabungsdiagnostik.* Göttingen: Hogrefe.

Joswig, H. (2008): Innere Differenzierung in der Begabungsförderung. In: C. Fischer, F. J. Mönks & U. Westphal (Hrsg.), *Individuelle Förderung: Begabungen entfalten – Persönlichkeit entwickeln. Allgemeine Forder- und Förderkonzepte. Schriftenreihe des ICBF Münster Begabungsforschung* (S. 329–349). Berlin: Lit Verlag.

Kaiser, A. (1997): *Entwicklung und Erprobung von Modellen der Begabtenförderung am Gymnasium mit Verkürzung der Schulzeit. Abschlussbericht.* Mainz: v. Hase & Koehler Verlag.

Kanevsky, L. K. (1994): A comparative study of children's learning in the zone of proximal development. *European Journal of High Ability, 5*, 163–175.

Karp, M. J. M. (2006): Facing the future: Identity development among college now students. *Dissertation Abstracts International Section A: Humanities and Social Sciences, 66* (12-A), 43–47.

Kempter, U. (2008): Das Autonome Lerner Modell in der Sekundarstufe (Österreich). In: C. Fischer, F. J. Mönks & U. Westphal (Hrsg.), *Individuelle Förderung: Begabungen entfalten – Persönlichkeit entwickeln. Allgemeine Forder- und Förderkonzepte. Schriftenreihe des ICBF Münster Begabungsforschung* (S. 93–102). Berlin: Lit Verlag.

Killion, J. (1983): Personality characteristics of intellectually gifted secondary students. *Roeper Review, 38*, 15–19.

Klauer, K. J. (2006): Anlage und Umwelt. In: D. H. Rost (Hrsg.), *Handwörterbuch Pädagogische Psychologie* (3. Aufl., S. 8–14). Weinheim: Beltz.

Köller, O. (2004): *Konsequenzen von Leistungsgruppierungen.* Münster: Waxmann.

Köller, O. (2011): Was wirkt? Voraussetzungen für erfolgreiches Lernen. *Labyrinth, 34*, S. 16–18.

Kulik, C.-L. C. & Kulik, J. A. (1982): Effects of ability grouping on secondary school students: A meta-analysis of evaluation findings. *American Educational Research Journal, 3*, 415–428.

Kulik, J. A. (1992): *An analysis of the research on ability grouping: Historical and contemporary perspectives.* Storrs, CT: The National Research Center on the Gifted and Talented, University of Connecticut.

Kulik, J. A. (2003): Grouping and tracking. In: N. Colangelo & G. A. Davis (Eds.), *Handbook of gifted education* (3rd ed., pp. 268–281). Boston: Allyn and Bacon.

Kulik, J. A. & Kulik, C.-L. C. (1987): Effects of ability grouping on student achievement. *Equity & Excellence in Education, 23*, 22–30.

Lipsey, M. W. & Wilson, D. B. (1993): The efficacy of psychological, educational, and behavioral treatment. Confirmation from meta-analysis. *American Psychologist, 12*, 1181–1209.

Lohman, D. F. & Korb, K. (2006): Gifted today but not tomorrow? *Journal for the Education of the Gifted, 29*, 451–484.

Lohman, D. & Renzulli, J. (2007): *A simple procedure for combining ability test scores, achievement test scores, and teacher ratings to identify academically talented children.* Online verfügbar unter: http://facuilty.education.niowa.edu/dlohman/ [Zugriff am 07. 05. 2011].

Lubinski, D. & Benbow, C. P. (1994): The study of mathematically precocious youth: The first three decades of a planned 50-year study of intellectual talent. In: R. F. Subotnik & K. D. Arnold (Eds.), *Beyond Terman: Contemporary longitudinal studies of giftedness and talent (*pp. 255–281). Norwood, NJ: Adlex.

Lubinski, D., Webb, R. M., Morelock, M. J. & Benbow, C. P. (2001): Top 1 in 10.000: A 10-year follow-up of the profoundly gifted. *Journal of Applied Psychology, 86*, 718–729.

Manteuffel, A. von (2008): Drei Jahre Hochbegabtenförderung am Landesgymnasium für Hochbegabte (LGH) in Schwäbisch-Gmünd – erste Erfahrungen. In: H. Ullrich & S. Strunck (Hrsg.), *Begabtenförderung an Gymnasien. Entwicklungen, Befunde, Perspektiven* (S. 172–186). Wiesbaden: VS Verlag für Sozialwissenschaften.

Mattis, M. A. (2008): Academic aspirations and expectations: High school guidance counsellor perceptions of the benefits students receive by participating in dual enrollment programs. *Dissertations Abstracts International Section A: Humanities and Social Sciences, 69* (3-A), 836.

McCoach, D. B. & Siegle, D. (2003): Factors that differentiate underachieving students from achieving students. *Gifted Child Quarterly, 47*, 144–154.

Mönks, F. J. (1987): Einzelfallanalyse in der Hochbegabungsdiagnostik. *Zeitschrift für Differentielle und Diagnostische Psychologie, 8*, 235–240.

Museus, S. D., Lutovsky, B. R. & Colbeck, C. L. (2007): Access and equity in dual enrollment programs: Implications for policy formation. *Higher Education in Review, 4,* 1–19.

Neihart, M. (1998): The impact of giftedness on psychological well-being: What does the empirical literature say? *Roeper Review, 22,* 10–17.

Oerter, R. (2008): Begabung, Expertise und Hochleistungen. In: R. Oerter & L. Montada (Hrsg.), *Entwicklungspsychologie* (6. Aufl., S. 779–802). Weinheim: Beltz.

Olszewski-Kubilius, P. M. (2003): Special summer and saturday programs for gifted students. In: N. Colangelo & G. A. Davis (Eds.), *Handbook of gifted education* (3rd ed., pp. 219–228). Boston: Allyn and Bacon.

Olszewski-Kubilius, P. M., Kulieke, M. J. & Krasney, N. (1988): Personality dimensions of gifted adolescents: A review of the empirical literature. *Gifted Child Quarterly, 32,* 347–352.

Pegnato, C. W. R. & Birch, J. W. (1959): Locating gifted children in high schools: A comparison of methods. *Exceptional Children, 25,* 300–304.

Perleth, C. (2008): Intelligenz und Kreativität. In: W. Schneider & M. Hasselhorn (Hrsg.), *Handbuch Pädagogische Psychologie* (S. 15–27). Göttingen: Hogrefe.

Perleth, Ch., Lehwald, G. & Browder, C. S. (1993): Indicators of high ability in young children. In: K. A. Heller, F. J. Mönks & A. H. Passow (Hrsg.), *International handbook of research and development of giftedness and talent* (S. 283–310). Oxford: Pergamon.

Perleth, C., Preckel, F., Denstädt, J. & Leithner, C. (2008): Husten Hochbegabte häufiger? Oder: Eignen sich Checklisten für Eltern zur Diagnostik hochbegabter Kinder und Jugendlicher? *News & Science Begabtenförderung und Begabungsforschung, 18,* 31–35.

Perleth, Ch., Schatz, T. & Mönks, F. J. (2000): Early identification of high ability. In: K. A. Heller, F. J. Mönks, R. J. Sternberg & R. F. Subotnik (Eds.), *International handbook of giftedness and talent* (2nd ed., pp. 297–316). Kidlington: Elsevier

Perleth, Ch. & Sierwald, W. (2001): Entwicklungs- und Leistungsanalysen zur Hochbegabung. In: K. A. Heller (Hg.), *Hochbegabung im Kindes- und Jugendalter* (2. Aufl.). (S. 171–355). Göttingen: Hogrefe.

Prado, T. M. & Schiebel, W. (1996): *Entwicklung und Erprobung eines Modells zur Förderung besonders begabter Schülerinnen und Schüler durch Förder-*

maßnahmen zur Verkürzung der Schulzeit. Ergebnisse – Kurzzusammenfassung. Unveröffentlichtes Manuskript. Hamburg: Universität Hamburg, Psychologisches Institut II.

Preckel, F. (2008): Erkennen und Fördern intellektuell hochbegabter Schülerinnen und Schüler. In: F. Petermann & W. Schneider (Hrsg.), *Angewandte Entwicklungspsychologie, Band 7* (S. 449–495). Göttingen: Hogrefe.

Preckel, F. (2010): Intelligenztests in der Hochbegabungsdiagnostik. In: F. Preckel, W. Schneider & H. Holling (Hrsg.), *Jahrbuch der Pädagogischen Diagnostik – Tests & Trends, Band Hochbegabung* (S. 19–44). Göttingen: Hogrefe.

Preckel, F. & Eckelmann, Ch. (2008): Beratung bei (vermuteter) Hochbegabung: Was sind die Anlässe und wie hängen sie mit Geschlecht, Ausbildungsstufe und Hochbegabung zusammen? *Psychologie in Erziehung und Unterricht, 55,* 16–26.

Preckel, F., Götz, Th. & Frenzel, A. (2010): Ability grouping of gifted students: Effects on academic self-concept and boredom. *British Journal of Educational Psychology, 80,* 451–472.

Proctor, T. B., Feldhusen, J. . & Black, K. N. (1988): Guidelines for early admission to elementary school. *Psychology in the Schools, 25,* 41–43.

Pruisken, Ch. (2004): Interessen und Freizeitbeschäftigungen hochbegabter (Grundschul-) Kinder. *Zeitschrift für Pädagogische Psychologie, 18,* 1–14.

Pruisken, Ch. & Rost, D. (2005): Hochintelligent und besonders interessiert? Über Interessen und Hobbys hochbegabter Grundschulkinder. *Psychologie in Erziehung und Unterricht, 52,* 100–110.

Reimann, R. (2002): Persönlichkeits- und Leistungsentwicklung im achtjährigen Gymnasium. In: K. A. Heller (Hrsg.), *Begabtenförderung im Gymnasium. Ergebnisse einer zehjährigen Längsschnittstudie* (S. 81–135). Opladen: Leske + Budrich.

Reimann, R. & Heller, K. A. (2004): Das achtjährige Gymnasium mit besonderen Anforderungen (G8) als Paradigma für schulische Akzelerationsprogramme zur (Hoch-)Begabtenförderung – Methoden und Ergebnisse einer zehnjährigen Längsschnitt-Evaluationsstudie. *Psychologie in Erziehung und Unterricht, 51,* 8–23.

Renzulli, J. S. (1993): Ein praktisches System zur Identifizierung hochbegabter und talentierter Schüler. *Psychologie in Erziehung und Unterricht, 40,* 217–224.

Renzulli, J. S. & Reis., S. M. (2004): Curriculum compacting: A research-based differentiation for culturally diverse talented students. In: D. Boothe & J. C.

Stanley (Eds.), *In the eyes of the beholder: Critical issues for diversity in gifted education* (pp. 87–100). Waco, TX: Prufrock Press.

Rimm, S. B. (2003): Underachievement: A national epidemic. In: N. Colangelo & G. A. Davis (Eds.), *Handbook of gifted education* (pp. 424–443). Boston: Allyn and Bacon.

Robinson, N. M. (2004): Effects of academic acceleration on the social-emotional status of gifted students. In: N. Colangelo, S. G. Assouline & M. U. M. Gross (Eds.), *A nation deceived: How schools hold back America's brightest students. Vol. II* (pp. 59–67). Iowa City, IA: University of Iowa.

Rogers, K. B. (2004): The academic effects of acceleration. In: N. Colangelo, S. G. Assouline, M. U. M. Gross (Eds.), *A nation deceived: How schools hold back America's brightest students. The Templeton National Report on Acceleration* (pp. 47–58). Iowa City, IA: University of Iowa.

Rohrmann, T. (2009): *Individuelle Förderung begabter Grundschüler. Evaluation eines Schulversuchs*. Wiesbaden: VS Verlag für Sozialwissenschaften.

Rost, D. H. (1991a): Identifizierung von „Hochbegabung". *Zeitschrift für Entwicklungspsychologie und Pädagogische Psychologie, 23*, 197–231.

Rost, D. H. (1991b): Sonderklassen für besonders Begabte? *Die Deutsche Schule, 83*, 51–67.

Rost, D. H. (1993): *Lebensumweltanalyse hochbegabter Kinder*. Göttingen: Hogrefe.

Rost, D. H. (2000): *Hochbegabte und hochleistende Jugendliche*. Münster: Waxmann.

Rost, D. H. (2004): Über „Hochbegabung" und „hochbegabte" Jugendliche: Mythen, Fakten, Forschungsstandards. In: J. Abel, R. Möller & Ch. Palentien (Hrsg.), *Jugend im Fokus empirischer Forschung* (S. 39–85). Münster: Waxmann.

Rost, D. H. (2007a): Redlichkeit und vergleichende Wissenschaft tun not. Zur Diskussion um die Effektivität von Fördermaßnahmen für Hochbegabte. *Labyrinth, 92*, 30–34.

Rost, D. H. (2007b): Underachievement aus psychologischer und pädagogischer Sicht: Wie viele hochbegabte Underachiever gibt es tatsächlich? *News & Science, 15*, S. 8–9.

Rost, D. H. (2009): *Intelligenz. Mythen und Fakten*. Weinheim: Beltz.

Rost, D. H. (2010): Stabilität von Hochbegabung. In: F. Preckel, W. Schneider & H. Holling (Hrsg.), *Jahrbuch der Pädagogischen Diagnostik – Tests & Trends, Band Hochbegabung* (S. 233–266). Göttingen: Hogrefe.

Rost, D. H. & Czeschlik, T. (1990): Überdurchschnittlich intelligente Zehnjährige: Probleme mit der psycho-sozialen Anpassung? *Zeitschrift für Entwicklungspsychologie und Pädagogische Psychologie, 12*, 284–295.

Rost, D. H. & Hanses, P. (1994): Besonders begabt: Besonders glücklich, besonders zufrieden? *Zeitschrift für Psychologie, 202*, 379–403.

Rost, D. H. & Hanses, P. (2000): Selbstkonzept. In: D. H. Rost (Hrsg.), *Hochbegabte und hochleistende Jugendliche*. Münster: Waxmann.

Rost, D. H. & Hoberg, K. (1998): Besondere Jugendliche mit besonderen Interessen? *Zeitschrift für Entwicklungspsychologie und Pädagogische Psychologie, 30*, 183–199.

Roznowski, M., Reith, J. & Hong, S. (2000): A further look at youth intellectual giftedness and its correlates: Values, interests, performance, and behavior. *Intelligence, 28*, 87–113.

Santl, M. & Reitmajer, V. (1991): *Überspringen einer Jahrgangsstufe als Fördermaßnahme für besonders begabte Schülerinnen und Schüler – Interviews mit ehemaligen Überspringern (Arbeitsbericht Nr. 224).* München: Staatsinstitut für Schulpädagogik und Bildungsforschung.

Schairer, D., Strunz, G., Wermuth, M. & Bauer, K. (2007): *„Interne Evaluation" des Förderprogrammes für Hochbegabte am Maria-Theresia-Gymnasium München – eine Bestandsaufnahme.* Verfügbar unter: http://www.mtg.musin.de/index.php?section= show&category=81 [Zugriff am 10.07.2007].

Schiever, S. W. & Maker, C. J. (2003): New directions in enrichment and acceleration. In: N. Colangelo & G. A. Davis (Eds.), *Handbook of gifted education* (3rd ed., pp. 136–173). Boston: Allyn and Bacon.

Schilling, S. (2000): Peer-Beziehungen. In: D. H. Rost (Hrsg.), *Hochbegabte und hochleistende Jugendliche* (S. 367–421). Münster: Waxmann.

Schlichting, U. U. (1968): Einige Persönlichkeitszüge von Gymnasiasten mit hoher Testintelligenz. *Archiv für die gesamte Psychologie, 120,* 125–150.

Schneider, Wolfgang (1993): Acquiring expertise: Determinants of exceptional performance. In: K. A. Heller, F. J. Mönks & A. H. Passow (Eds.), *Interntional handbook of research and development of giftedness and talent* (pp. 311–324). Oxford: Pergamon.

Schneider, W. (2000): Giftedness, expertise and (exceptional) performance. A developmental perspective. In: K. A. Heller, F. J. Mönks, R. Sternberg & R. F. Subotnik (Eds.), *International handbook of giftedness and talent* (pp. 165–177). New York: Elsevier.

Schneider, W. (2008a): Entwicklung der Intelligenz und des Denkvermögens in Kindheit, Jugend und Erwachsenenalter. In: W. Schneider (Hrsg.), *Entwicklung von der Kindheit bis zum Erwachsenenalter. Befunde der Münchner Längsschnittstudie LOGIK* (S. 43–66). Weinheim: Beltz.

Schneider, W. (2008b): Expertiseerwerb. In: W. Schneider & M. Hasselhorn (Hrsg.), *Handbuch Pädagogische Psychologie* (S. 136–144). Göttingen: Hogrefe.

Schneider, W. & Stumpf, E. (2005): Hochbegabung. In: S. Ellinger & M. Wittrock (Hrsg.), *Sonderpädagogik in der Regelschule* (S. 299–313). Stuttgart: Kohlhammer.

Shore, B. M. & Kanevsky, L. S. (1993): Thinking processes: Being and becoming gifted. In: K. A. Heller, F. J. Mönks & A. H. Passow (Eds.), *International handbook of research and development of giftedness and talent* (pp. 133–147). Oxford: Pergamon Press.

Shurkin, J. N. (1992): *Terman's kids. The groundbreaking study of how the gifted grow up.* Boston: Little, Brown and Company.

Solzbacher, C. (2008): *Frühstudium – Schüler an die Universität.* Bochum: Farbinstinct.

Sparfeldt, J. R. (2006): *Berufsinteressen hochbegabter Jugendlicher.* Münster: Waxmann.

Sparfeldt, J. R., Schilling, S. R. & Rost, D. H. (2006): Hochbegabte Underachiever als Jugendliche und junge Erwachsene. Des Dramas zweiter Akt? *Zeitschrift für Pädagogische Psychologie, 20*, 213–224.

Sparfeldt, J. R., Wirthwein, L. & Rost, D. H. (2009): Hochbegabt und einfallslos? Zur Kreativität intellektuell hochbegabter Kinder und Jugendlicher. *Zeitschrift für Pädagogische Psychologie, 23 (1)*, 31–39.

Spinath, F. M. (2010): Intelligenzforschung: Fluch und Fortschritt 2.0. In: D. H. Rost (Hrsg.), *Intelligenz, Hochbegabung, Vorschulerziehung, Bildungsbenachteiligung* (S. 11–36). Münster: Waxmann.

Spinath, F. M., Spinath, B. & Borkenau, P. (2007): Soziale und genetische Determinanten der Lernfähigkeit. In: W. Schneider & M. Hasselhorn (Hrsg.), *Handbuch Pädagogische Psychologie* (S. 105–115). Göttingen: Hogrefe.

Strunck, U. (2008): Kontinuitäten im Wandel: Spezialschulen und Spezialklassen in den neuen Bundesländern. In: H. Ullrich & S. Strunck (Hrsg.), *Begabtenförderung an Gymnasien. Entwicklungen, Befunde, Perspektiven* (S. 101–120). Wiesbaden: VS Verlag für Sozialwissenschaften.

Stumpf, E. (2006): *Delfintherapie aus wissenschaftlicher Perspektive – Möglichkeiten der Evaluationsforschung im sonderpädagogischen Feld.* Freiburg: Fwpf.

Stumpf, E. (2011): *Begabtenförderung für Gymnasiasten – Längsschnittstudien zu homogenen Begabtenklassen und Frühstudium.* Münster: Lit.

Stumpf, E., Greiner, R. & Schneider, W. (2011): Erfolgsdeterminanten des Frühstudiums: Das Best-Practice-Modell der Universität Würzburg. *Beiträge zur Hochschulforschung, 1*, S. 26–49.

Stumpf, E., Neudecker, E. & Schneider, W. (2008): *Teilnehmer-Feedback zum School-Lab Oberpfaffenhofen – eine Pilotstudie zu außerschulischen Enrichmentkursen für Gymnasiasten.* Würzburg: Institut für Psychologie, Lehrstuhl für Entwicklungspsychologie und Pädagogische Psychologie.

Stumpf, E. & Schneider, W. (2008a): Schulleistungen in homogenen Begabtenklassen und gymnasialen Regelklassen der Sekundarstufe 1. *Diskurs Kindheits- und Jugendforschung, 1*, 67–81.

Stumpf, E. & Schneider, W. (2008b): Frühstudium als Begabtenförderung? Theoretische Fundierung, Zielgruppen und offene Fragen. *Journal für Begabtenförderung, 2*, 37–43.

Stumpf, E. & Schneider, W. (2009a): Homogene Begabtenklassen am Gymnasium – Zielgruppe und Entwicklung der Schülerinnen und Schüler. *Zeitschrift für Entwicklungspsychologie und Pädagogische Psychologie, 41*, 51–62.

Stumpf, E. & Schneider, W. (2009b): Wissenschaftliche Begleitung der Begabtenklassen am Deutschhaus-Gymnasium Würzburg. Ergebnisse einer Längsschnittstudie zur Entwicklung der Schülerinnen und Schüler. *SchulVerwaltung spezial*, 1, 34–36.

Swanson, J. L. (2008): *An analysis of the impact of high school dual enrollment course participation on post-secondary academic success, persistence and degree completion.* Paper presented at the meeting of the National Association for Gifted Children, Tampa, FL and the National Alliance of Concurrent Enrollment Partnerships, Kansas City, MO.

Tannenbaum, A. (1992): Early signs of giftedness: Resarch and commentary. In: Klein, P. S. (Ed.), *To be young and gifted*, pp. 3–32, Norwood, NJ.

Terman, L. M. (Ed.) (1926): *Genetic studies of genius. Vol. I: Mental and physical traits of a thousand gifted children* (2nd ed.). Stanford: University Press.

Terman, L. M. (1959): *The gifted group at mid-life. Thirty-five years' follow-up of the superior child.* London: Oxford University Press.

Titze, I. (1989): Über den Zusammenhang von Persönlichkeitsmerkmalen und Intelligenz bei Kindern. *Zeitschrift für Differentielle und Diagnostische Psychologie, 10,* 91–101.

Todt, E. & Schreiber, S. (1998): Development of interests. In: L. Hoffmann, A. Krapp, K. A. Renninger & J. Baumert (Eds.), *Interest and learning: Proceedings on the Seeon Conference on interest and gender* (pp. 25–40). Kiel: IPN.

Trost, G. (1993): Prediction of excellence in school, university and work. In: K. A. Heller, F. J. Mönks & A. H. Passow (Hrsg.), *International handbook of research and development of giftedness and talent* (pp. 325–336). Oxford: Pergamon.

Trost, G. & Sieglen, J. (1992): Biographische Frühindikatoren herausragender beruflicher Leistungen. In: E. A. Hany & H. Nickel (Hrsg.), *Begabung und Hochbegabung* (S. 95–104). Berlin: Huber.

Vaughn, V. L., Feldhusen, J. F. & Asher, J. W. (1991): Meta-analyses and review of research on pull-out programs in gifted education. *Gifted Child Quarterly, 2,* 92–98.

Vock, M. & Holling, H. (2007): Begabung und Berufserfolg. In: K. A. Heller & A. Ziegler (Hrsg.), *Begabt sein in Deutschland* (S. 233–263). Münster: Lit Verlag.

Vock, M., Preckel, F. & Holling, H. (2007): *Förderung Hochbegabter in der Schule. Evaluationsbefunde und Wirksamkeit von Maßnahmen.* Göttingen: Hogrefe.

Wai, J., Lubinski, D. & Benbow, C. P. (2005): Creativity and occupational accomplishments among intellectually precocious youths: An age 13 to age 33 longitudinal study. *Journal of Educational Psychology, 97,* 484–492.

Weidtmann, K. (2007): *Das Hochbegabten-Zentrum. Dokumentation und Evaluation eines Beratungsangebots am Universitätsklinikum Hamburg-Eppendorf.* Hamburg: Verlag Dr. Kovac.

Weigand, G. (2008): Begabtenförderung und Persönlichkeitsbildung. In: Ch. Fischer, F. J. Mönks & U. Westphal (Hrsg.), *Individuelle Förderung: Begabungen entfalten – Persönlichkeit entwickeln. Band 1: Allgemeiner Forder- und Förderkonzepte* (S. 394–408). Münster: Lit.

Wermke, M., Kunkel-Razum, K. & Schulze-Stubenrecht, W. (Hrsg.) (2006): *Duden. Die deutsche Rechtschreibung* (24. Aufl.). Mannheim: Dudenverlag.

Winebrenner, S. (2007): *Besonders begabte Kinder in der Regelschule fördern. Praktische Strategien für die Grundschule und die Sekundarstufe I.* Donauwörth: Auer Verlag.

Winner, E. (2007): *Kinder voll Leidenschaft. Hochbegabungen verstehen.* Münster: Lit.

Wittmann, A. J. & Holling, H. (2004): *Hochbegabtenberatung in der Praxis.* Göttingen: Hogrefe.

Ziegler, A. & Stöger, H. (2003): Identification of underachievement with standardized tests, student, parental and teacher assessment. An empirical study on the agreement among various diagnostic sources. *Gifted and Talented International, 18,* 87–94.

Zimmer, K., Brunner, M., Lüdtke, O., Prenzel, M. & Baumert, J. (2007): Die PISA-Spitzengruppe in Deutschland: Eine Charakterisierung hochkompetenter Jugendlicher. In: Kurt A. Heller & Albert Ziegler (Hrsg.), *Begabt sein in Deutschland* (S. 193–208). Münster: Lit.

Zydatiß, W. (1999): Förderung über Akzeleration: Gymnasiale Express- und Regelklassen im Vergleich. *Schulverwaltung, 7,* 255–260.

Anhang

Statistische und methodische Begriffe

Deckeneffekte

Von Deckeneffekten spricht man im engeren Sinne dann, wenn die Aufgaben eines Testverfahrens für die untersuchte Stichprobe zu leicht sind, so dass viele Testpersonen den Maximalwert erreicht haben. Das tatsächliche Potenzial der untersuchten Personen kann dann nicht abgebildet werden. Im weiteren Sinne spricht man auch dann von Deckeneffekten, wenn viele Personen sehr gute Werte (nicht unbedingt den Maximalwert) erzielt haben. Auch in diesem Fall können potenzielle Leistungsunterschiede zwischen diesen Personen nicht mehr gut voneinander differenziert werden können.

Intelligenzquotient (IQ), Vertrauensintervall

Der *Intelligenzquotient* (IQ) ist ein Maß für die intellektuelle Leistungsfähigkeit einer Person. Er beschreibt die relative Position einer Person zur Verteilung der Leistungen ihrer Altersgruppe, also die Abweichung ihrer Leistung vom Mittelwert. In der Regel wird der Berechnung des Abweichungs-IQs eine Normalverteilung mit dem Mittelwert 100 und der Standardabweichung 15 zu Grunde gelegt. Der Wertebereich von einer Standardabweichung über und unter dem Mittelwert (also 85–115 IQ-Punkte) wird als „durchschnittlich" bezeichnet; etwa 68 % der Bevölkerung erzielen Ergebnisse in diesem Wertebereich. Werte, die im Intervall von einer und zwei Standardabweichungen um den Mittelwert herum streuen, werden als „leicht unterdurchschnittlich" bzw. „leicht überdurchschnittlich" und ab zwei Standardabweichungen als „weit unter- bzw. überdurchschnittlich" angesehen. Demzufolge gelten IQ-Werte zwischen 116 und 129 als „leicht überdurchschnittlich" und ab einem IQ von 130 wird von einer überdurchschnittlichen Intelligenzausprägung gesprochen. Dieses Kriterium entspricht auch dem gängigen Kriterium für die intellektuelle Hochbegabung und wird von 2.1 % der Bevölkerung erzielt.

In der Forschung sind T-Werte gebräuchlicher als die oben genannten IQ-Werte. Diese folgen einer Normalverteilung mit einem Mittelwert von 50 und einer Standardabweichung von 10. Der durchschnittliche Bereich liegt demnach zwischen 40–60 T-Wertpunkten (Mittelwert +/− eine Standardabweichung); analog wird ab einem T-Wert von 70 von einer überdurchschnittlich hohen Ausprägung gesprochen (Mittelwert + 2 Standardabweichungen).

Die Aussagekraft der T- und IQ-Werte ist vergleichbar und die Werte können arithmetisch ineinander überführt werden. Darüber hinaus sind T-Werte nicht nur für Intelligenzleistungen, sondern auch für die Testergebnisse zu anderen Leistungs- oder Persönlichkeitsbereichen (z. B. Ängstlichkeit, Extraversion) anwendbar, wobei die oben erläuterten Festlegungen erhalten bleiben.

Vertrauensintervall. Jedes mit einem psychologischen Test gewonnene Ergebnis wird durch einen so genannten Messfehler beeinträchtigt; dies bedeutet, dass der „wahre" Wert der getesteten Person nicht mit 100-prozentiger Sicherheit mit dem getesteten Wert übereinstimmt. Genau genommen kann daher durch eine Testung nicht ein konkreter Zahlenwert sondern nur ein so genanntes Vertrauensintervall – bestehend aus einem bestimmten Bereich von Werten – angegeben werden, das den tatsächlichen Wert der getesteten Person mit hoher Sicherheit enthält. So kann durch die Bestimmung von Vertrauensintervallen angegeben werden, in welchem Messwertbereich die tatsächlichen Ergebnisse mit einer Sicherheitswahrscheinlichkeit von beispielsweise 90 % liegen. Dies bedeutet, dass nur mit einer Wahrscheinlichkeit von 10 % damit zu rechnen ist, dass das wahre Testergebnis nicht im ermittelten Vertrauensintervall liegt. Vertrauensintervalle können von versierten Testleiterinnen (bzw. Testleitern) anhand der Messgenauigkeit des Testverfahrens ermittelt werden; in psychologischen Befunden und Gutachten sollten die Vertrauensintervalle stets aufgeführt werden.

Korrelation

Eine Korrelation beschreibt den linearen Zusammenhang zwischen zwei oder mehreren Variablen. Die resultierenden Korrelationskoeffizienten (r) liegen im Wertebereich von -1 bis +1. Während $r = -1$ einen perfekt negativen und $r = +1$ einen perfekt positiven Zusammenhang beschreiben, bedeutet $r = 0$, dass kein Zusammenhang zwischen den betrachteten Merkmalen besteht – sie gelten dann als unabhängig. Ein *positiver* Zusammenhang bedeutet, dass eine hohe Ausprägung des einen Merkmals mit der ebenfalls hohen Ausprägung des anderen Merkmals einhergeht. Dies ist im Allgemeinen für die Körpergröße und Schuhgröße zutreffend: je größer die Füße, umso größer auch der Mensch – und kleinere Menschen haben in der Regel auch kleinere Füße. Bei einem *negativen* Zusammenhang ist die hohe Ausprägung im ersten Merkmal mit einer niedrigen Ausprägung im zweiten Merkmal assoziiert. Ein negativer Zusammenhang besteht zwischen der Intelligenzausprägung und der Bearbeitungszeit von Aufgaben: je intelligenter die Schülerinnen und Schüler sind, umso weniger Zeit benötigen sie für die Aufgabenlösung. Gleichzeitig wird aus den Beispielen deutlich, dass Korrelationsmaße den Zusammenhang über alle untersuchten Personen hinweg beschreiben, Einzelfälle können von diesem Zusammenhangsmuster mehr oder weniger stark abweichen (so wird es auch Einzelpersonen geben, die trotz großer Füße nicht besonders groß sind).

Beachte:
Zwei Besonderheiten der Korrelationsmaße sollen besonders genau erläutert werden:

Erstens erlauben Korrelationskoeffizienten *keine* Aussagen über die Kausalität der Beziehung zwischen den beiden Merkmalen. Auf Basis dieser Kennwerte kann nicht geklärt werden, ob das erste Merkmal kausal für das zweite Merkmal verantwortlich ist, ob die Kausalkette umgekehrt oder in beide Richtungen zutreffend ist. Darüber hinaus könnten beide Merkmale tatsächlich auch von einem dritten Merkmal determiniert sein, das nicht erhoben wurde. Untersucht man beispielsweise Kinder unterschiedlicher Altersgruppen, wird man einen positiven Zusammenhang zwischen der Schuhgröße und dem Wortschatz feststellen (je größer die Füße der Kinder, umso größer ist auch ihr Wortschatz und umgekehrt); dennoch handelt es sich nicht um einen kausalen Zusammenhang zwischen diesen beiden Merkmalen, sondern beide werden maßgeblich vom Lebensalter der Kinder determiniert.

Zweitens beinhalten Korrelationskoeffizienten keine Aussagen zum Niveau der miteinander assoziierten Variablen. Die Korrelation zwischen Körper- und Schuhgröße sagt also nichts mehr darüber aus, ob die untersuchten Personen bzw. deren Füße besonders groß oder klein waren, sondern nur über den Zusammenhang zwischen den beiden Variablen. Dieser Aspekt wird für die Wiederholungsmessung derselben Variablen, wie sie für *Stabilitätskennwerte* verwendet wird, von besonderer Bedeutung und wird daher weiter unten noch genauer ausgeführt (Schlagwort „Stabilitätskennwerte").

Die Berechnung des jeweiligen Korrelationskoeffizienten ist abhängig vom Skalenniveau (s. u.) der Messwerte. Bei eingeschränkter Varianz, d. h. einer Stichprobe deren Einzelwerte nur geringfügig streuen, wird der wahre Zusammenhang zwischen den beiden Variablen in der Grundgesamtheit möglicher Weise unterschätzt. Beispielsweise wird man in der Gesamtpopulation zweifellos einen relativ hohen positiven Zusammenhang zwischen Körpergröße und Körpergewicht feststellen; untersucht man allerdings nur Personen in einer eingeschränkten Köpergröße (also von eingeschränkter Varianz), z. B. nur Personen, die zwischen 170 und 175 cm groß sind, kann der Zusammenhang zum Körpergewicht deutlich geringer ausfallen.

Median

Der Median halbiert die Verteilung der Messergebnisse, so dass genauso viele Werte unter wie über ihm liegen. Voraussetzung ist das Ordinalskalenniveau (s. u.) der Messwerte, d. h. dass sie entsprechend ihrer Größe geordnet werden können. In einer Studie zu homogenen Begabtenklassen lag der Median der Intelligenz in der gesamten Stichprobe (je zwei Begabten- und reguläre Gymnasialklassen) bei Md = 119; genau 50 % der Schülerinnen und Schüler hatten also im IQ-Test besser als 119 abgeschnitten, und ebenfalls 50 % hatten ein niedrigeres Ergebnis erzielt (vgl. Stumpf, 2011).

Metaanalyse

Die Metaanalyse ist eine Form der Sekundäranalyse. Studien mit ähnlicher Fragestellung werden zusammengefasst und statistisch ausgewertet. Dies bietet den Vorteil, dass zufallsbedingte Störeinflüsse der einzelnen Studien durch die Integration mit anderen Untersuchungen reduziert werden können. Die Ergebnisse von Metaanalysen sind daher deutlich aussagekräftiger als diejenigen von Einzelstudien.

Mittelwert

Der Mittelwert (oder arithmetisches Mittel) ist der Durchschnitt aller Messergebnisse. Zur Berechnung teilt man die Summe aller Werte durch deren Anzahl. Voraussetzung hierfür ist, dass die Messwerte mindestens Intervallskalenqualität (s. u.) besitzen, d. h. gleichabständig sind.

Prävalenz

Der Begriff Prävalenz bezeichnet die Häufigkeit des Vorkommens eines Merkmals in einer bestimmten Population zu einem bestimmten Zeitpunkt (Punktprävalenz) oder innerhalb eines bestimmten Zeitraumes (z. B. Ein-Jahres-Prävalenz). Die Prävalenz der Hochbegabung beträgt ca. 2 % in der Gesamtbevölkerung, was bedeutet, dass ca. 2 % der Bevölkerung hochbegabt sind.

Rangreihe

Unter Rangreihe ist eine geordnete Einteilung einer Reihe von variablen Werten zu verstehen. Die Weltrangliste im Tennis stellt dafür ein populäres Beispiel dar; hier wird auch deutlich, dass Rangreihen die Personen zwar in eine Rangordnung bringen, aber keine Informationen mehr über das Niveau enthalten. Es ist durchaus möglich, dass der Drittplatzierte der Weltrangliste eines Kalenderjahres im Folgejahr nur noch den 5. Rangplatz einnimmt, ohne dass seine individuelle Leistung sich verändert hat, da andere Spieler ihn übertreffen können (siehe auch das Beispiel unter dem Stichwort „Stabilitätskennwerte").

Skalenniveau

Für die Messung psychologischer Konstrukte und Transformationen der Messwerte ist das jeweilige *Skalenniveau* von Bedeutung, das von der Art des erhobenen Merkmals abhängig ist. Meist wird zwischen einer Nominalskala (z. B. Geschlecht, Blutgruppe), einer Ordinalskala (z. B. Schulnoten, Weltrangliste im Tennis) und einer Intervallskala (z. B. Alter) differenziert. Im Unterschied zu intervallskalierten Merkmalen stehen bei ordinal skalierten Merkmalen die Abstufungen auf der Skala nicht im selben Verhältnis: der Abstand der Plätze 1 und 2 der Weltrangliste im Tennis kann einen anderen tatsächlichen Kompetenzunterschied repräsentieren als der Abstand der Rangplätze 4 und 5.

Ordinal skalierte Merkmale können zwar nach ihrer Größenrelation geordnet werden (im Sinne von „größer – kleiner"- bzw. „weniger – mehr"-Aussagen), aber die Abstände zwischen den Klassen bleiben uneinheitlich.

In Abhängigkeit des Skalenniveaus sind bestimmte Transformationen mit den Messwerten erlaubt; dass die Berechnung von Mittelwerten bei nominalskalierten Merkmalen nicht sinnvoll sein kann, liegt auf der Hand. Gleiches gilt für eine Reihe anderer statistischer Kennwerte (z. B. Standardabweichung). Genau genommen dürfen diese statistischen Maßzahlen auch für ordinal skalierte Merkmale nicht berechnet werden, da die Voraussetzungen nicht erfüllt sind. In Forschung und Praxis wird diese statistische Einschränkung für ordinal skalierte Merkmale jedoch teilweise ignoriert (z. B. für Schulnoten).

Stabilitätskennwerte (auch: Korrelation, Rangreihe)

In der psychologischen Forschung wird die *Stabilität* von Merkmalen gängiger Weise durch Korrelationsmaße (s. o.) abgebildet. Dafür wird dieselbe Personengruppe zu zwei unterschiedlichen Zeitpunkten hinsichtlich der aktuellen Ausprägung des fokussierten Merkmals untersucht und die Ergebnisse der beiden Messungen werden miteinander korreliert. Globale Niveauverschiebungen – wie etwa der durchschnittliche Anstieg der Intelligenzausprägung in der Bevölkerung („Flynn-Effekt", s. Kapitel 3.2) – werden dadurch nicht sichtbar. Dies soll an einem Beispiel verdeutlicht werden, in dem auch die Begriffe der Korrelation und Rangreihe noch anschaulicher erläutert werden:

Beispiel zur Stabilität der Rechenleistung bei Drittklässlern (Eigenkonstruktion):

> Hierzu bearbeiten die Schülerinnen und Schüler jeweils zu Beginn und am Ende der 3. Jahrgangsstufe einen Rechentest und die erreichte Punktzahl wird ermittelt. Die Vorgehensweise kann unter Einbeziehen der Rangreihen besonders gut erläutert werden; daher werden die jeweiligen Rangreihen der Schülerinnen und Schüler anhand der erzielten Rechenleistung ermittelt: die jeweils beste Schülerin bzw.

der beste Schüler erhält den 1. Rangplatz und so fort (vgl. Tabelle 1).

Um nun die Stabilität der Rechenleistung zu überprüfen, werden die Korrelationen aus den Testergebnissen zu Schuljahresbeginn und Schuljahresende berechnet. Dafür werden vier Zahlenbeispiele mit jeweils unterschiedlichen Ergebnismustern am Schuljahresende aufgeführt (vgl. Tabelle 1). Am Vergleich der Rangreihen kann besonders gut nachvollzogen werden, dass die Korrelationen (r) umso höher ausfallen, je weniger Verschiebungen sich innerhalb der Rangreihen ergeben.

Tab. 1: Beispiel zur Berechnung von Stabilitätskennwerten

Kind	Anfang 3. Klasse		Ende 3. Klasse						
			Beispiel 1		Beispiel 2		Beispiel 3		Beispiel 4	
	Punkte	Rang	Punkte	Rang	Punkte	Rang	Punkte	Rang	Punkte	Rang
1	32	4	64	4	40	1	32	4	52	5
2	26	5	52	5	28	4	28	5	64	4
3	13	6	26	6	11	7	20	6	66	3
4	38	1	76	1	38	2	38	1	10	8
5	36	2	72	2	35	3	36	2	14	7
6	7	7	14	7	10	8	18	7	72	2
7	5	8	10	8	18	6	15	8	76	1
8	33	3	66	3	27	5	33	3	26	6
Usw.										
Rangkorrelation nach Spearman: $r_{\text{Anfang x Ende 3. Kl.}}$			+1.00		+.74		+1.00		−1.00	

In Beispiel 1 (vgl. Tabelle 1) wurden die Ergebnisse so gewählt, dass jedes Kind im Verlauf des Schuljahres seinen individuellen Punktwert um genau 100 % steigert. Die Rechenleistungen der untersuchten Kinder korrelieren demnach zu den zwei Zeitpunkten perfekt miteinander (r = +1.0), da die Rangreihen zu beiden Zeitpunkten identisch bleiben – obwohl es bei jedem einzelnen Kind zu einer Veränderung in den Ergebnissen gekommen war. Im zweiten Beispiel haben ebenfalls die meisten Kinder ihre Leistungen verbessert, doch kam es zu einer stärkeren Veränderung innerhalb der Rangreihe und daher zu einer etwas niedrigeren (Rang-)Korrelation von r = .74. In Beispiel 3 blieben die Rangreihen der beiden Zeitpunkte wiederum identisch, obwohl bei den Schülerinnen und Schülern der ursprünglich niedrigeren Rangplätze deutliche Verbesserungen in der Rechenleistung zu verzeichnen waren. Auf die Rangkorrelation wirkt sich diese Verschiebung wiederum nicht aus, sie beträgt in diesem Fall ebenfalls r = 1.00 (zur Information: die Pearson-Korrelation, mit der der lineare Zusammenhang nicht auf Basis von Rangreihen errechnet wird, würde hier etwas geringer ausfallen). Für Beispiel 4 wurden die Ergebnisse des ersten Beispiels genau umgekehrt; damit folgt auch die genaue Umkehr der Rangreihen von Anfang und Ende der 3. Jahrgangsstufe, was in der Realität für Leistungsergebnisse natürlich sehr unwahrscheinlich ist. Diese Konstruktion dient lediglich der Veranschaulichung eines perfekt negativen Zusammenhangs von r = −1.0.

Wie nun insgesamt deutlich wurde, entstehen hohe Stabilitätskennwerte dann, wenn die Rangreihen der Personen zu den beiden Zeitpunkten wenige Veränderungen erfahren haben. Niveauverschiebungen – also beipielsweise Leistungszuwächse – werden hiermit nicht aufgedeckt. Daran wird auch deutlich, dass die hohe Stabilität eines Merkmals nach der psychologischen Terminologie keineswegs bedeutet, dass für eine bestimmte Person zu einem späteren Zeitpunkt wieder der gleiche Wert ergeben wird.

Dieses Beispiel stellt eine starke Vereinfachung der wissenschaftlichen Realität dar. Generell sollten statistische Kennwerte nur über eine größere Anzahl von Personen ermittelt werden, da sonst einzelne Ausreißerwerte die Ergebnisse zu stark verzerren können. Darüber hinaus würde man bei einer Leistungsmessung in Punktwerten nicht auf die Rangkorrelation von Spearman (die im Beispiel dargestellt wurde), sondern auf die Pearson-Korrelation zurückgreifen. Für die Verdeutlichung des Prinzips der Berechnung von Korrelationen und Stabilitätskennwerten schien die hier gewählte Vorgehensweise besser geeignet zu sein. Darüber hinaus sind die Stabilitätskennwerte auch von der Vergleichbarkeit der verwendeten Testverfahren zu den verschiedenen Zeitpunkten abhängig.

Standardabweichung

Die Standardabweichung (oder Streuung) repräsentiert die durchschnittliche Abweichung der Messwerte vom Mittelwert und stellt damit ein Maß für die Homogenität der Gruppe im fokussierten Merkmal dar. Sie berechnet sich als die positive Wurzel aus der Varianz (s. u.). Wie bei der Varianz ist Intervallskalenqualität die Voraussetzung für die Berechnung.

Varianz, aufgeklärte Varianz

Die Varianz ist ein wichtiges Maß der Streuung der Messwerte um den Mittelwert. Sie berechnet sich aus der Summe der quadrierten Abweichungen aller Messwerte vom Mittelwert. Voraussetzung für die Berechnung ist mindestens Intervallskalenqualität, d. h. dass die Größen der Abstände Informationscharakter besitzen. Die *aufgeklärte Varianz* bezeichnet den Anteil an der Gesamtvarianz, der auf einen bestimmten Faktor zurückgeführt werden kann.

Beispiel zur Bedeutung der statistischen Kennwerte der Standardabweichung bzw. Varianz

Interessiert man sich dafür, welche Altersgruppen bestimmte Kinofilme besuchen, repräsentiert der Mittelwert (also der Altersdurchschnitt der Besucher) nur dann die Besuchergruppe hinreichend gut, wenn diese hinsichtlich des Alters relativ homogen ist. Es kann allerdings durchaus dazu kommen, dass zwei hinsichtlich der Altersverteilung sehr unterschiedliche Gruppen von Kinobesuchern sich im Alters*durchschnitt* nicht unterscheiden. Exemplarisch könnte man für die Zuschauer eines aktuellen Actionthrillers ebenso auf einen Altersdurchschnitt von 21 Jahren kommen wie für diejenigen eines Zeichentrickfilms, den Kinder gemeinsam mit ihren Eltern besuchen. Im ersten Fall wäre die Altersspanne möglicher Weise mit 18 bis 26 Jahren deutlich geringer als im zweiten Fall mit fünf bis 40 Jahren. Doch Vorsicht: die hier aufgeführten Altersspannen (18 bis 26 bzw. 5 bis 40 Jahre) entsprechen *nicht* der Standardabweichung, sondern der Streubreite. Die Standardabweichung kann nur anhand des jeweiligen Altersdurchschnitts der Gruppen und der Abweichungen der einzelnen Messwerte zum Mittelwert aufsummiert werden. Die Standardabweichung des Alters der Zeichentrickfilmbesucher wird im gewählten Beispiel vermutlich deutlich höher ausfallen als diejenige des Actionfilms. Insofern erlaubt die Berücksichtigung der Standardabweichung bzw. Varianz ergänzend zum Mittelwert eine bessere Repräsentation der Gruppen und sollte daher stets ergänzend zum Mittelwert angegeben werden.

Weiterführende Verweise

Hilfreiche Bücher:
- Holling, H., Preckel, F. & Vock, M. (2004): *Intelligenzdiagnostik*. Göttingen: Hogrefe.
- Rost, D. H. (2009): *Intelligenz – Mythen und Fakten*. Weinheim: Beltz.
- Vock, M., Preckel, F. & Holling, H. (2007): *Förderung Hochbegabter in der Schule. Evaluationsbefunde und Wirksamkeit von Maßnahmen.* Göttingen: Hogrefe.

Leitfäden zum Überspringen von Klassen:
- Wittmann, A. J. & Holling, H. (2004): Hochbegabtenberatung in der Praxis. Göttingen: Hogrefe (S. 114 f.).
- www.özbf.au.

Tagungen und Fortbildungsmöglichkeiten:
- Internationales Centrum für Begabungsförderung ICBF Universität Münster: Kongress und international anerkannte Weiterbildung (ECHA-Diplom: European Council for High Ability): www.icbf.de.

Anhang

- Kongress des Österreichisches Zentrum für Begabtenförderung und Begabungsforschung in Salzburg (özbf): www.özbf.at.
- Weiterbildung von Erzieherinnen zur „Begabtenpädagogin": http://www.karg-stiftung.de/content.php?nav_id=179.
- „eVOCATIOn": Weiterbildung für Lehrkräfte, zertifiziert durch die Pädagogische Hochschule Karlsruhe: www.ewib.de.

Hilfreiche Internetadressen:

- Broschüre „Begabte Kinder finden und fördern" des Bundesministeriums für Bildung und Forschung mit zahlreichen Kontaktadressen (bundes- und landesweit). Online verfügbar unter: http://www.bmbf.de/pub/b_Kinder.pdf.
- Gutachten der Bund-Länder-Kommission zur Begabtenförderung in den Bundesländern: Holling, H. Preckel, F., Vock, M. & Schulze Willbrenning, B. (2004): *Schulische Begabtenförderung in den Ländern. Maßnahmen und Tendenzen.* Bund-Länder-Kommission für Bildungsplanung und Forschungsförderung; Psychologisches Institut (Münster, Westfalen, 4). Online verfügbar unter: http://www.blk-bonn.de/papers/heft121.pdf.
- Online-Portal zu Informationen zum deutschen Bildungswesen (Bundes- und Landesebene): http://www.bildungsserver.de.
- Deutsche SchülerAkademie: http://www.deutsche-schuelerakademie.de/.
- Übersicht zu Begabtenschulen bzw. regulären Gymnasien mit Begabtenklassen: http://www.focus.de/schule/schule/schulwahl/tid-13014/hochbegabte-schulen-fuer-gipfelstuermer_aid_347759.html.
- Übersicht zu den Hochschulen, die Frühstudium anbieten sowie weiterführende Berichte zum Frühstudium: http://www.telekom-stiftung.de/dtag/cms/content/Telekom-Stiftung/de/1314400.
- Navigation zu Begabungsberatungsstellen bundesweit: http://www.karg-stiftung.de/map.php?nav_id=348.
- Bundesverband der Schülerlabore: www.lernort-labor.de.